VLADIMIR SOLOVIEV

КРАТКАЯ ПОВЕСТЬ ОБ АНТИХРИСТЕ

ΜΙΑ ΜΙΚΡΗ ΙΣΤΟΡΙΑ ΓΙΑ ΤΟΝ ΑΝΤΙΧΡΙΣΤΟ

Εισαγωγή – Μετάφραση – Σχόλια
Δρ. Βασιλείου Ταμιωλάκη

Θεσσαλονίκη
2017

Vladimir Soloviev, *Μια Μικρή Ιστορία για τον Αντίχριστο*,
Εισαγωγή-μετάφραση-σχόλια Βασιλείου Ταμιωλάκη,
Copyright: Βασίλειος Ταμιωλάκης

Α΄ Έκδοση, Θεσσαλονίκη 2017

Εκδόσεις: "ΤΑ ΚΑΛΑ ΒΙΒΛΙΑ ΠΑΝΕ ΠΑΝΤΟΥ"
Στοιχειοθεσία, επιμέλεια έκδοσης: Βασίλειος Ταμιωλάκης
email: basilperson@gmail.com

ISBN:978-618-83478-0-9

Η πνευματική ιδιοκτησία αποκτάται χωρίς καμιά διατύπωση και χωρίς την ανάγκη ρήτρας απαγορευτικής των προσβολών της. Επισημαίνεται, πάντως, ότι κατά το Ν. 2387 (όπως έχει τροποποιηθεί με το Ν. 2121/93 και ισχύει σήμερα) και κατά τη Διεθνή Σύμβαση της Βέρνης (που έχει κυρωθεί με το Ν. 100/1975) απαγορεύεται η αναδημοσίευση, η αποθήκευση σε κάποιο σύστημα διάσωσης και γενικά η αναπαραγωγή του παρόντος έργου, με οποιοδήποτε τρόπο ή μορφή, τμηματικά ή περιληπτικά, στο πρωτότυπο ή σε μετάφραση ή άλλη διασκευή, χωρίς τη γραπτή άδεια του συγγραφέα-εκδότη.

ΠΡΟΛΟΓΟΣ ΤΟΥ ΜΕΤΑΦΡΑΣΤΗ

Όταν διάβασα για πρώτη φορά την *Μικρή Ιστορία για τον Αντίχριστο*, του Vladimir Soloviev, πραγματικά, έμεινα αποσβολωμένος. Είναι αξιοθαύμαστο το πώς ο συγγραφεύς σε τόσο λίγες σελίδες προσφέρει τόσο πολλά νοήματα και, μάλιστα, με τόσο όμορφο τρόπο. Λίγα κείμενα έχουν τέτοια δύναμη. Σκέφτηκα πως καλό θα ήταν αυτό το κείμενο να μεταφραστεί στην ελληνική γλώσσα. Ωστόσο, άλλες εργασίες, στις οποίες είχα δώσει προτεραιότητα, με κράτησαν απασχολημένο για αρκετό καιρό, ενώ κάποια αρνητικά σημεία του έργου με έκαναν διστακτικό να αναλάβω αυτό το εγχείρημα. Τελικά, υπερέβην τις όποιες πρακτικές δυσκολίες αλλά και τους ποικίλους ενδοιασμούς μου, και το μετέφρασα, ώστε να το παρουσιάσω στο ελληνικό βιβλιόφιλο κοινό.

Η *Μικρή Ιστορία για τον Αντίχριστο* δεν αποτελεί έκθεση της ορθόδοξης χριστιανικής διδασκαλίας πάνω στο ζήτημα του Αντιχρίστου. Το κείμενο του Soloviev παρουσιάζει κάποιες εσχατολογικές και όχι μόνο αστοχίες, όπως θα δείξουμε στην εισαγωγή. Αυτός ήταν και ο λόγος για τον οποίο αρχικά δίσταζα να αναλάβω το εγχείρημα της παρουσίασης του έργου στο ελληνικό κοινό. Η παρουσίασή του από μια, αποκλειστικά, φιλοσοφική ή λογοτεχνική σκοπιά, χωρίς τις απαραίτητες επισημάνσεις, θα αδικούσε το έργο και τον συγγραφέα του. Το έργο είναι αξιολογότατο, έχει πάρα πολλές αρετές. Τα σφάλματα είναι η εξαίρεση και όχι ο κανόνας στο έργο του μεγάλου ρώσου φιλοσόφου. Αναμφισβήτητα, παρά τις όποιες θεολογικές ανακρίβειες που παρουσιάζει, η *Μικρή Ιστορία για τον Αντίχριστο* είναι ένα κείμενο που κάθε Χριστιανός της εποχής μας πρέπει να διαβάσει. Δεν είναι τυχαίο το ότι ο Άγιος Ιωάννης Μαξίμοβιτς έχει αναφερθεί με επαινετικό τρόπο στο κείμενο του Soloviev και το χρησιμοποίησε σε ομιλία του, γεγονός που, επίσης,

ΠΡΟΛΟΓΟΣ

βάρυνε στην απόφασή μου να μεταφράσω, τελικά, αυτό το κείμενο.

Θα προσκαλέσω τον αναγνώστη να μελετήσει όχι μόνο τη *Μικρή Ιστορία για τον Αντίχριστο* του Soloviev αλλά και την εισαγωγή, που είναι απαραίτητη για τη σωστή και πληρέστερη κατανόηση του έργου. Και θα του ζητήσω, αφού, αρχικά, αφεθεί στη λογοτεχνική ομορφιά του κειμένου, στη συνέχεια να στοχαστεί πάνω στα ποικίλα ζητήματα που αυτό θίγει. Η *Μικρή Ιστορία για τον Αντίχριστο* είναι ένα κείμενο που επιδέχεται πολλές αναγνώσεις και μπορεί να προσφέρει σε πολλά επίπεδα.

Η έκδοση αυτού του βιβλίου έρχεται στα πλαίσια της προσπάθειάς μου να συντελέσω στην καλύτερη πληροφόρηση των Ελλήνων Ορθοδόξων Χριστιανών πάνω στα εσχατολογικά θέματα. Πρόθεσή μου είναι, επίσης, να κινήσω το ενδιαφέρον για τη χριστιανική λογοτεχνία.

ΠΙΝΑΚΑΣ ΠΕΡΙΕΧΟΜΕΝΩΝ

ΠΡΟΛΟΓΟΣ ΤΟΥ ΜΕΤΑΦΡΑΣΤΗ 3
ΠΙΝΑΚΑΣ ΠΕΡΙΕΧΟΜΕΝΩΝ 5
ΕΙΣΑΓΩΓΗ 7
1) Η δραματική και λογοτεχνική απόδοση της εκκλησιαστικής περί Αντιχρίστου διδασκαλίας από τη μεσαιωνική Ευρώπη ως τη σύγχρονη εποχή. Η πορεία από τα μεσαιωνικά εσχατολογικά δράματα στη Μικρή Ιστορία για τον Αντίχριστο 7
2) Λίγα λόγια για τον συγγραφέα. Η ιστορία του Soloviev 13
30) Η ιστορία της Μικρής Ιστορίας για τον Αντίχριστο. Σύντομος σχολιασμός του έργου 17
4) Ο Soloviev και ο Αντίχριστος 22
5) Η καταπληκτική διορατικότητα του Soloviev. Η επαλήθευση των προβλέψεών του 25
6) Η δικαίωση του Soloviev ως διανοούμενου οραματιστή-προφήτη 30
7) Τα δογματικά και εσχατολογικά σφάλματα του έργου . 33
8) Soloviev και οικουμενισμός. Η υποστήριξη του οικουμενισμού απ' τον Soloviev στην αρχή του έργου του, και η στροφή του ρώσου φιλοσόφου στο τέλος της ζωής του με την Μικρή Ιστορία για τον Αντίχριστο 37
9) Σύγκριση της οικουμενικής θεώρησης του Soloviev, όπως αυτή εκφράζεται στη Μικρή Ιστορία για τον Αντίχριστο, με τον θρησκευτικό συγκρητισμό του σήμερα 46
10) Η αντίθεση μεταξύ παραδοσιακών και ελευθεριαζόντων Χριστιανών και ο Αντίχριστος 48
11) Η έννοια της χριστιανικής οικουμενικότητας. Απ' τον Vladimir Soloviev στον C. S. Lewis 52
12) Η λεπτή κόκκινη γραμμή μεταξύ υγιούς χριστιανικής οικουμενικότητας και νοσηρού συγκρητιστικού οικουμενισμού 59
13) Σχετικά με τη χρήση του όρου «εκκλησία» 61

ΠΙΝΑΚΑΣ ΠΕΡΙΕΧΟΜΕΝΩΝ

14) Λίγα λόγια για την μετάφραση και την παρούσα ελληνική έκδοση 63
ΜΕΡΟΣ Α΄ 65
Ο Soloviev για την *Μικρή Ιστορία για τον Αντίχριστο* 65
  1. Απόσπασμα από τον πρόλογο του Σολόβιεφ στο έργο Πόλεμος, Πρόοδος και το Τέλος της Ιστορίας, περιλαμβάνεται μια Μικρή Ιστορία για τον Αντίχριστο, Τρεις Διάλογοι 67
  2. Απόσπασμα από σημείωμα εισαγωγής που τελικά δεν συμπεριλήφθηκε στην έκδοση του 1900 72
  3. Σχόλια του Σολόβιεφ στη Μικρή Ιστορία για τον Αντίχριστο, που εκφωνήθηκαν απ' τον ίδιο μετά από δημόσια ανάγνωση του έργου 73
ΜΕΡΟΣ Β΄ 75
ΜΙΑ ΜΙΚΡΗ ΙΣΤΟΡΙΑ ΓΙΑ ΤΟΝ ΑΝΤΙΧΡΙΣΤΟ 75
  1) Το τελευταίο τμήμα απ' τον τρίτο διάλογο του έργου του Soloviev, Πόλεμος, Πρόοδος και το Τέλος της Ιστορίας ... 77
  2) Μια Μικρή Ιστορία για τον Αντίχριστο 84
  3) Η ολοκλήρωση του τρίτου διαλόγου, μετά την ανάγνωση της Μικρής Ιστορίας για τον Αντίχριστο 128
ΒΙΒΛΙΟΓΡΑΦΙΑ 130

ΕΙΣΑΓΩΓΗ

1) Η δραματική και λογοτεχνική απόδοση της εκκλησιαστικής περί Αντιχρίστου διδασκαλίας από τη μεσαιωνική Ευρώπη ως τη σύγχρονη εποχή. Η πορεία από τα μεσαιωνικά εσχατολογικά δράματα στη Μικρή Ιστορία για τον Αντίχριστο

Ο μεγάλος χριστιανός λογοτέχνης Jiovanni Papini μιλά για την υπόθεση του Αντιχρίστου με όρους δραματουργίας, παρουσιάζοντάς την ως την πέμπτη πράξη της χριστιανικής τραγωδίας, που εκτυλίσσεται μέσα στους αιώνες. Στο έργο του *Ιστορία του Διαβόλου* γράφει τα εξής: « Υπάρχει μια τραγωδία που άρχισε μαζί με τον κόσμο, τον άνθρωπο, και που δεν τέλειωσε ακόμη. Μια μυστηριώδης κι ανείπωτη τραγωδία, που λίγοι, έστω κι ανάμεσα στους Χριστιανούς, είναι θεατές της. Παρουσιάζεται σε τρία μεγάλα θέατρα: Στον Διάπυρο Ουρανό, στη Γη, στην Άβυσσο. Έχει μονάχα τρεις πρωταγωνιστές: Τον Θεό, τον Σατανά και τον Άνθρωπο. Κι όπως όλες οι τραγωδίες, έχει κι αυτή πέντε πράξεις. Πρώτη πράξη: Ο Σατανάς εναντιώνεται στον Δημιουργό. Δεύτερη πράξη: Ο Σατανάς νικιέται και κατακρημνίζεται στην άβυσσο. Τρίτη πράξη: Ο Σατανάς, για να εκδικηθεί, σαγηνεύει τον άνθρωπο και γίνεται κύριός του. Τέταρτη πράξη: Ο Θεάνθρωπος, με την ενσάρκωσή Του, νικά τον Σατανά και προσφέρει στους ανθρώπους τα όπλα για να τον νικήσουν κι αυτοί με τη σειρά τους. Πέμπτη πράξη: Στο " τέλος του χρόνου " ο Σατανάς προσπαθεί να επιτύχει τη νίκη με τον Αντίχριστο. Βρισκόμαστε ακόμη στην τέταρτη πράξη κι ίσως στις τελευταίες της σκηνές. Πότε θ' αρχίσει η πέμπτη πράξη; Από τώρα φαίνονται τα σημάδια... Ο άνθρωπος είναι ο πιο αδύνατος κι ο πιο εφήμερος και από τους τρεις πρωταγωνιστές... Ο Σατανάς τραβά τον άνθρωπο απ' τον Θεό·

Εισαγωγή

ο Χριστός τον παίρνει απ' τον Σατανά· ο Σατανάς όμως προσπαθεί με κάθε τρόπο να τον επανακτήσει και φαίνεται πως επιτυγχάνει. Θα κάνει μια τελευταία προσπάθεια και θα νικηθεί, θα νικηθεί για πάντα»[1]. Αυτά λέγει ο μεγάλος ιταλός λογοτέχνης.

Αν όμως ο Papini παρουσιάζει την υπόθεση του Αντιχρίστου ως την πέμπτη πράξη της χριστιανικής τραγωδίας, ανώνυμοι συγγραφείς στην Ευρώπη, αιώνες νωρίτερα, είχαν γράψει ολόκληρα θεατρικά έργα για την ιστορία του Αντιχρίστου και την εποχή των εσχάτων. Αυτό είχε συμβεί στα πλαίσια μιας γενικότερης προσπάθειας απόδοσης της θεολογίας μέσω της δραματουργίας, που είχε ως στόχο να δοθεί η χριστιανική διδασκαλία στους απλούς πιστούς με δραματουργικό τρόπο. Τα εσχατολογικά δράματα για τον Αντίχριστο και το τέλος του κόσμου ήταν από τις δημοφιλέστερες επιλογές του κοινού κατά τον Μεσαίωνα[2].

Τα διάφορα θρησκευτικά θεατρικά έργα ξεκίνησαν να γράφονται, από μοναχούς συνήθως, για τη γιορτή του Corpus Christi, από τον 12ο αιώνα και μετά, και παρουσιάζονταν, αρχικά, μέσα στις Εκκλησίες, και, αργότερα, από τον 14ο αιώνα και εξής, στους δρόμους και τις πλατείες. Συνήθως, την παραγωγή, στην οποία συμμετείχε όλη η τοπική κοινωνία, αναλάμβαναν οι διάφορες συντεχνίες. Ο πιο γνωστός θεατρικός κύκλος, σχεδόν πλήρης, με 24 αυθεντικά έργα, είναι ο κύκλος του Chester. Τα έργα αυτού του κύκλου είχαν συνταχθεί από μοναχούς του Αββαείου του Αγίου Werburgh, σημερινού καθεδρικού ναού του Chester. Τα έργα παίζονταν σε μεγάλες ειδικά διαμορφωμένες ανοιχτές άμαξες. Οι άμαξες έκαναν στάσεις σε καθορισμένα σημεία της πόλης, όπου τα πλήθη μαζεύονταν και παρακολουθούσαν τις παραστάσεις.

Στην παρουσία του Αντιχρίστου και το τέλος του κόσμου αναφέρονται τα δύο τελευταία έργα του κύκλου, το 23ο και το 24ο. Στο 23ο, την παρουσίαση του οποίου είχε

---

[1] Jiovanni Papini, *Ο Διάβολος*, Μετάφραση Οθ. Αργυροπούλου, Εκδόσεις Μαγκανιά, α.τ.χ., σελ. 17-18.
[2] Βλ. σχετικά Woolf Rosemary, *The English Mystery Plays*, California 1980, σελ. 290-5.

Μια Μικρή Ιστορία για τον Αντίχριστο – V. SOLOVIEV
Εισαγωγή-μετάφραση-σχόλια Βασιλείου Ταμιωλάκη

αναλάβει η συντεχνία των ραφτών, εμφανίζονται στη σκηνή ηθοποιοί, που υποδύονται τους προφήτες Ιεζεκιήλ, Ζαχαρία και Δανιήλ και τον Ευαγγελιστή Ιωάννη, και απαγγέλλουν σε έμμετρο ποιητικό λόγο τί έγραψαν για τον Αντίχριστο και το τέλος του κόσμου. Το έργο κλείνει ο αφηγητής, που συνοψίζει τα όσα ειπώθηκαν πριν, και απαγγέλλει μια προφητεία για τις δεκατρείς τελευταίες ημέρες του κόσμου, που αποδίδεται στον Άγιο Ιερώνυμο. Οι τελευταίοι λόγοι του αφηγητή είναι μια προτροπή στους πιστούς να μην ξεγελαστούν απ' τον Αντίχριστο, τώρα που γνωρίζουν τα τεχνάσματα που θα χρησιμοποιήσει.

Στο 24° έργο, την παρουσίαση του οποίου είχε αναλάβει η συντεχνία των γραφέων, κεντρικός χαρακτήρας είναι ο Αντίχριστος, που προσπαθεί να πείσει τέσσερις βασιλείς πως είναι ο πραγματικός Μεσσίας. Αυτοί απαιτούν κάποια σημεία και θαύματα, για να τον πιστέψουν. Ο Αντίχριστος επιτελεί δύο ψευδοαναστάσεις, παρουσιάζοντας δύο δαίμονες ως νεκρούς ανθρώπους που δήθεν ανασταίνει. Στη συνέχεια παρουσιάζει τη δική του ψευδοανάσταση, πεθαίνοντας δήθεν και επιστρέφοντας από τον κόσμο των νεκρών. Οι τέσσερις βασιλείς πείθονται από τα ψευδοθαύματα και τον προσκυνούν. Στη συνέχεια εμφανίζονται οι δύο μάρτυρες του Θεού, ο προφήτης Ηλίας και ο δίκαιος Ενώχ, οι οποίοι ελέγχουν τον Αντίχριστο και αποδεικνύουν πως οι δύο νεκροί, που δήθεν αναστήθηκαν, ήταν δαίμονες. Οι τέσσερις βασιλείς μετανοούν και προσεύχονται στον Ιησού Χριστό να τους συγχωρήσει. Ο Αντίχριστος διατάζει τη θανάτωση των δύο μαρτύρων του Θεού. Στη συνέχεια εμφανίζεται ο Αρχάγγελος Μιχαήλ, που λέγει πως έθεσε τέλος στη βασιλεία του Αντιχρίστου. Ο Αντίχριστος καλεί τον Σατανά και τους δαίμονές του να τον βοηθήσουν. Οι δύο δαίμονες και πρώην συνεργάτες του απαντούν στον Αντίχριστο πως τον χρησιμοποίησαν για να εξαπατήσουν τους ανθρώπους, και τον παίρνουν μαζί τους στη φυλακή, στον πάτο της Κόλασης, για να βασανίζεται μαζί τους. Το έργο κλείνει με τους δύο μάρτυρες του Θεού, τον προφήτη Ηλία και τον Δίκαιο Ενώχ, να δοξάζουν τον Θεό, που τους ανέστησε, και τον Αρχάγγελο Μιχαήλ να τους καλεί να ανεβούν στους Ουρανούς.

Εισαγωγή

Η πρώτη μαρτυρία για τον κύκλο του Chester ανάγεται στο 1422. Η παρουσίαση αυτών των παραστάσεων καταπιέστηκε κατά την περίοδο της Μεταρρύθμισης και μετά από αυτήν. Η τελευταία παράσταση δράματος του κύκλου του Chester πριν τον εικοστό αιώνα έγινε το 1575. Το 1951 ξεκίνησε η προσπάθεια αναβίωσης αυτών των παραστάσεων, στα πλαίσια του Φεστιβάλ της Βρετανίας. Κάθε 5 χρόνια πραγματοποιείται και μια μεγάλη παραγωγή. Σήμερα, θεωρείται ως ένα από τα σημαντικότερα πολιτιστικά γεγονότα της Βρετανίας[3].

Άλλα εσχατολογικά μεσαιωνικά έργα είναι εκτενέστερα και αναλυτικότερα. Ένα από αυτά είναι το *Ludus De Antichristo*, (*The Play of Antichrist*[4]) που γράφτηκε τον δωδέκατο αιώνα (1157-1160) στο αυτοκρατορικό μοναστήρι του Tegernsee στη Βαυαρία. Το έργο σώζεται ολόκληρο και συνοδεύεται από σκηνοθετικές οδηγίες (didascaliae)[5]. Στη Γαλλία, πάλι, ήταν εξαιρετικά διάσημο το *Jur Du Judgment*[6], ένα άλλο θεατρικό έργο για τον Αντίχριστο και το τέλος του κόσμου.

---

[3] Βλ. και *The Chester Cycle in Context, 1555-1575, Religion, Drama, and the impact of Change*, Edited by Jessica Dell, David Klausner, and Helen Ostovich, Studies in Performance and Early Modern Drama, Ashgate, Surrey 2012. Βλ., επίσης, και R. M. Lumiansky, David Mills, *The Chester Mystery Cycle: Essays and Documents*, University of North Carolina Press, Chapel Hill 1983.
[4] Βλ. *The Play of Antichrist*, translated by J. Wright, Mediaeval Sources in Translation 7, Brepols Publishers, 1967.
[5] Στις 19 και 20 Απριλίου 2013, το έργο σε νέα μετάφραση της Carol Symes ανέβηκε στο McFarland Memorial Belltower, στα πλαίσια του συμποσίου *Performing the Middle Ages*, που οργανώθηκε απ' το Πρόγραμμα Μεσαιωνικών Σπουδών του Πανεπιστημίου του Illinois. Η σκηνοθεσία ήταν του Kyle A. Thomas, ο οποίος έχει συγγράψει και διπλωματική εργασία γι' αυτό το δράμα. Βλ. Kyle A. Thomas, *The " Ludus De Antichristo ": Playing power in the Medieval Public Sphere, Thesis Submitted in Partial fulfillment of the requirements for the degree of Master of Arts in Theatre in the Graduate College of the University of Illinois at Urbana-Champaign*, Illinois 2012.
[6] *Antichrist and Judgment Day, The Middle French Jour Du Jugement*, translated with introduction and commentary by Richard K. Emmerson and David F. Hult, with a note on the music by Keith Glaeske, Early European Drama Translation Series, Pegasus Press 1998.

Μια Μικρή Ιστορία για τον Αντίχριστο – V. SOLOVIEV
Εισαγωγή-μετάφραση-σχόλια Βασιλείου Ταμιωλάκη

Όλα αυτά τα εσχατολογικά δράματα παρουσιάζουν πολλές ομοιότητες στη βασική τους πλοκή, και αυτό γιατί, όπως φαίνεται, οι συγγραφείς τους χρησιμοποιούν ως βασική τους πηγή την επιστολή του Adso για το τέλος του κόσμου. Αυτή η επιστολή φέρεται να εστάλη από τον Adso, ηγούμενο του αββαείου του Montier-en-Der στη Βασίλισσα Gerberga της Σαξονίας, και γνώρισε ιδιαίτερη διάδοση στη χριστιανική Δύση. Σ' αυτό το κείμενο ο Adso περιγράφει τα βασικά γεγονότα που θα οδηγήσουν στο τέλος του κόσμου. Η επιστολή του Adso υπήρξε μια από τις βασικότερες πηγές για όλα τα μεταγενέστερα δυτικά εσχατολογικά κείμενα και το εσχατολογικό σχήμα που παραθέτει είναι, σε γενικές γραμμές, σύμφωνο με την ορθόδοξη εσχατολογική διδασκαλία.

Η επίδραση αυτών των εσχατολογικών θεατρικών δραμάτων εξικνείται πέραν των ορίων της δραματικής τέχνης. Σκηνές τους αποτυπώθηκαν με διάφορα εικαστικά μέσα, με τη ζωγραφική, την υαλογραφία, τα tapestries και, βαθμιαία, οδήγησαν στη δημιουργία ενός ιδιαίτερου θεματολογικού κύκλου της δυτικής τέχνης, του εσχατολογικού κύκλου. Περίφημα δείγματα αυτής της τέχνης αποτελούν η σχετική τοιχογραφία του Signorelli στον καθεδρικό ναό του Orvietto, το « Apocalypse Tapestry », που εκτίθεται στο Chateau d' Angers, οι μικρογραφίες σε χειρόγραφα όπως το BESANCON MS 579[7]. Έτσι, τα περί Αντιχρίστου δράματα δεν σταμάτησαν ποτέ να επηρεάζουν, έστω και έμμεσα, τη δυτική θρησκευτική σκέψη, παρά το ότι από κάποιο σημείο και μετά, όπως αναφέραμε, το ανέβασμά τους στο θεατρικό σανίδι σταμάτησε.

Όμως, τη σπουδαιότερη θέση ανάμεσα σε όλες τις προσπάθειες δραματοποίησης της χριστιανικής περί Αντιχρίστου παράδοσης κατέχει η *Μικρή Ιστορία για τον*

---

[7] Βλ. σχετικά στο έργο της Karlyn Marie Griffith, *Illustrating ANTICHRIST AND THE DAY OF JUDGMENT* " Antichrist and the Day of Judgment " *in the eighty-nine miniatures of Besancon, Bibliotheque Municipale MS 579*, A Thesis submitted to the Department of Art History in partial fulfillment of the requirements for the degree of Master of Arts, Florida 2008.

Εισαγωγή

Αντίχριστο του Vladimir Soloviev[8]. Πρόκειται για ένα έργο πολυδιάστατο και σημαντικότατο, ένα έργο με το οποίο πραγματοποιήθηκε η μετάβαση από την εσχατολογική αφήγηση των μεσαιωνικών δραμάτων στη σύγχρονη εσχατολογική λογοτεχνική αφήγηση.

Στην αυγή του $20^{ου}$ αιώνα ο ρώσος φιλόσοφος Vladimir Soloviev συγγράφει μια λογοτεχνική απόδοση της εσχατολογικής διδασκαλίας της Εκκλησίας με βάση τις ιστορικές συνθήκες και την περιρρέουσα ατμόσφαιρα της εποχής του, ή μάλλον με βάση το εγγύς προς την εποχή του μέλλον, όπως αυτός το διέβλεπε και το φανταζόταν. Επιλέγει να χρησιμοποιήσει λογοτεχνικούς όρους. Δεν συγγράφει μια θεατρική παράσταση αλλά μια λογοτεχνική αφήγηση των γεγονότων των εσχάτων χρόνων, που έχει, όμως, και πληθώρα δραματικών στοιχείων. Δεν είναι τυχαίο το ότι ο Soloviev επιλέγει να κλείσει τη *Μικρή Ιστορία για τον Αντίχριστο*, μιλώντας για το τέλος του κόσμου με δραματουργικούς όρους. Γράφει χαρακτηριστικά: « Λοιπόν, θα υπάρξει μεγάλη αναταραχή και έντονη δραστηριότητα στη σκηνή, αλλά το δράμα έχει όλο γραφεί εδώ και πολύ καιρό, και ούτε στο κοινό ούτε στους ηθοποιούς επιτρέπεται να αλλάξουν κάτι σε αυτό »[9]. Αλλά και στο τελευταίο σημείωμα που έγραψε ο ρώσος φιλόσοφος λίγες ημέρες πριν την κοίμησή του, χαρακτήρισε την εποχή του τέλους του κόσμου ως την πέμπτη πράξη του δράματος της ιστορίας[10].

Τελικά, ο Soloviev, όπως ήδη αναφέραμε, δεν ήταν ο μοναδικός συγγραφέας που μίλησε για την υπόθεση του Αντιχρίστου με όρους δραματουργίας, με λογοτεχνικά μέσα. Είναι, όμως, αυτός που βρίσκεται πλησιέστερα στην εποχή μας, και γι' αυτό το λόγο, το έργο του έχει ιδιαίτερη σημασία. Και, επίσης, αυτό που και άλλοι είχαν κάνει πριν από αυτόν,

---

[8] Το επώνυμο του ρώσου φιλόσοφου έχει μεταγραμματιστεί από την ρωσική γραφή με πολλούς τρόπους (ως Solovyon, Solovief...). Εγώ χρησιμοποιώ τη γραφή Soloviev, καθώς αυτήν χρησιμοποιούσε ο Soloviev στην αγγλική και γαλλική αλληλογραφία του. Το επώνυμο προφέρεται ως « Σολοβιώφ ».
[9] Βλ. σελ. 126.
[10] Βλ. σελ. 25.

Μια Μικρή Ιστορία για τον Αντίχριστο – V. SOLOVIEV
Εισαγωγή-μετάφραση-σχόλια Βασιλείου Ταμιωλάκη

αυτός το έπραξε καλύτερα. Λόγω της εξαιρετικής φιλοσοφικής του παιδείας, της διεισδυτικής σκέψης του και του οξύτατου πνεύματός του, το αποτέλεσμα της προσπάθειάς του υπήρξε λαμπρό. Το έργο του είναι, από τεχνική άποψη, ένα πραγματικό αριστούργημα, αμίμητο και ανεπανάληπτο.

Ο Soloviev συνταίριαξε με μοναδικό τρόπο την χριστιανική περί Αντιχρίστου διδασκαλία με τη λογοτεχνία και τη δραματουργία. Η *Μικρή Ιστορία για τον Αντίχριστο* θα μπορούσε να χαρακτηριστεί ως το πρώτο christian fiction βιβλίο για τον Αντίχριστο, απ' το οποίο εμπνεύστηκαν οι μεταγενέστεροι συγγραφείς ανάλογων έργων. Η επίδραση του Soloviev σ' αυτούς είναι αναμφισβήτητη και καθοριστικότατη. Διαβάζοντας κανείς έργα, όπως τα *Left Behind* των Tim Lahaye και Jerry Jenkins, ή παρακολουθώντας ανάλογες ταινίες, αντιλαμβάνεται το μέγεθος της επίδρασης του Soloviev στην υπόθεση της δραματοποίησης της περί Αντιχρίστου εκκλησιαστικής διδασκαλίας. Όλοι οι σύγχρονοι μυθιστορηματικοί, τηλεοπτικοί ή κινηματογραφικοί Αντίχριστοι φέρουν στοιχεία απ' τον Αντίχριστο του Soloviev.

2) *Λίγα λόγια για τον συγγραφέα. Η ιστορία του Soloviev*

Ο Vladimir Sergeyevich Soloviev γεννήθηκε στις 16 Ιανουαρίου 1853, γιός του κορυφαίου ιστορικού και καθηγητή ιστορίας στο Πανεπιστήμιο της Μόσχας Sergey Mikhaylovich Soloviev και της Polyxena Vladimirovna. Σπούδασε φυσική, μαθηματικά και φιλοσοφία μέχρι τα είκοσί του χρόνια, οπότε αποφάσισε να ασχοληθεί με τη θεολογία. Η διπλωματική του εργασία είχε τον τίτλο *Η κρίση στη Δυτική Φιλοσοφία, Κατά Θετικιστών* (1874) και προκάλεσε έντονη συζήτηση στη ρωσική διανόηση. Ο νεαρός Βλαδίμηρος θεωρούνταν από όλους ως το νέο ανερχόμενο αστέρι του ρωσικού ακαδημαϊκού στερεώματος. Ανέλαβε μια θέση στο πανεπιστήμιο,

Εισαγωγή

ανακηρύχτηκε μέλος διαφόρων ακαδημαϊκών επιτροπών και εταιρειών, και αναγνωριζόταν από όλους γενικά ως αυθεντία στον χώρο των ανθρωπιστικών επιστημών. Το 1880 υποστήριξε τη διδακτορική του διατριβή με τον τίτλο *Κριτική των θεωρητικών αρχών* (1880) που εντυπωσίασε όσο και το προηγούμενο έργο του. Κάθε ανακοίνωση, διάλεξη και συγγραφή του νεαρού φιλοσόφου προκαλούσε το έντονο ενδιαφέρον της κοινότητας των διανοουμένων. Ωστόσο, ο ίδιος έληξε την σύντομη και πολλά υποσχόμενη ακαδημαϊκή πορεία του, υποβάλλοντας την παραίτησή του, αφ' ενός μεν λόγω των αντιδράσεων που είχε προκαλέσει η δημόσια παρότρυνσή του προς τον Τσάρο Αλέξανδρο Γ΄ να συγχωρήσει τους δολοφόνους του πατέρα του Τσάρου Αλεξάνδρου του Β΄ και να μην διατάξει την εκτέλεσή τους, και αφ' ετέρου εξ αιτίας της απροθυμίας του να συμβιβαστεί με τους ποικίλους περιορισμούς του ακαδημαϊκού βίου. Σ' αυτούς τους λόγους θα πρέπει να προστεθεί και η επιθυμία του να αφιερωθεί απερίσπαστος στην επιστήμη και τη συγγραφή.

Ο Soloviev στην αρχή της καριέρας του συνήθιζε να δίνει δημόσιες διαλέξεις, που, πάντοτε, παρακολουθούνταν με ενδιαφέρον και σχολιάζονταν για καιρό στον τύπο. Σαν ομιλητής ήταν εκπληκτικός. Το φυσικό του ταλέντο, η ασκητική και όμοια με αγιογραφία μορφή του, τα καυτά θέματα, που συνήθως επέλεγε, αλλά και η φήμη του ως ανέστιου κοσμοκαλόγερου και εκκεντρικού διανοούμενου προφήτη, τον καθιστούσαν ιδανικό ομιλητή. Ωστόσο, με την πάροδο των ετών αραίωσε τις δημόσιες διαλέξεις του.

Ο Soloviev, όντας προικισμένος με σπάνιες διανοητικές ικανότητες και τάσεις προς τη μυστική ζωή, ήταν ποιητική και καλλιτεχνική φύση. Στην ηλικία των είκοσι ετών επέλεξε τον άγαμο βίο και ζούσε σαν ασκητής και ιερεύς, παρά το ότι δεν ήταν τίποτε από τα δύο. Δεν είχε δικό του σπίτι – διέμενε, συνήθως, σε οικίες φίλων του, που θεωρούσαν το γεγονός ως ιδιαίτερη γι' αυτούς τιμή – και συχνά έδινε όλα τα χρήματά του ή τα προσωπικά του αντικείμενα, ακόμη και τα ρούχα που φορούσε, σε φτωχούς που συναντούσε στον δρόμο. Τρεφόταν ελάχιστα, κυρίως με λαχανικά και τσάι, και, γενικότερα, διακρινόταν για την ασκητικότητά του. Όπως

Μια Μικρή Ιστορία για τον Αντίχριστο – V. SOLOVIEV
Εισαγωγή-μετάφραση-σχόλια Βασιλείου Ταμιωλάκη

πολύ χαρακτηριστικά αναφέρει η Άννα Γρηγορίεβνα Ντοστογέφσκη, ο Soloviev « δεν ήταν άνθρωπος του κόσμου τούτου» [11]. Η μορφή του ήταν υποβλητική. Σύμφωνα με τον βιογράφο του V. Velichko, « το πρόσωπό του ακτινοβολούσε με ακτίνες που δεν ξεθώριαζαν, σαν ένα λυχνάρι, που ποτέ δεν έσβηνε αλλά πάντοτε έκαιγε μπροστά στο θυσιαστήριο του Υψίστου »[12]. Εκπληκτική ήταν και η ομοιότητά του με την μορφή του Χριστού, όπως τουλάχιστον είχε αποδοθεί η τελευταία από διάφορους καλλιτέχνες[13]. Ο De Vogue, που τον είχε συναντήσει στο Κάιρο, έγραψε σχετικά: « Τέτοιες μορφές έχουν εμπνεύσει τους μοναχούς αγιογράφους του παρελθόντος που αναζητούσαν ένα μοντέλο για τον Χριστό στις εικόνες τους. Είναι η μορφή ενός ονειροπόλου, οραματιστή ή προφήτη, ευγενική, ιδεαλιστική, γεμάτη αφανέρωτες υποταγμένες φλόγες »[14]. Ο Dostoevsky συμπαθούσε ιδιαίτερα τον Soloviev και γι' αυτήν, ακριβώς, την ομοιότητα της φυσιογνωμίας του με διάφορα πορτραίτα του Χριστού.

Μεταξύ του Dostoevsky και του Soloviev είχε αναπτυχθεί μια φιλική σχέση[15]. Μάλιστα, θεωρείται πως ο Dostoevsky βάσισε στον Soloviev τον χαρακτήρα του Αλιόσα, ίσως και του Ιβάν, του έργου του *Αδελφοί Καραμαζώφ*. Η

---

[11] Dostoevsky Anna Gregorievna, *Ο Ντοστογιέβσκη και γω*, Μετάφραση Σ. Βουρδούμπα, Εκδόσεις Γκοβόστη, Αθήνα 2004, σελ. 438.
[12] Όπως παρατίθεται στο έργο της Pauline Wilhelmine Schrooyen, *Vladimir Soloviev in the Rising Public Sphere, A Reconstruction and Analysis of the Concept of Christian Politics in the Publitsistika of Vladimir Solovev*, PrintPartners Ipskamp, Nederland 2006, σελ. 57.
[13] Δεν πρέπει να λησμονούμε πως η ιστόρηση του προσώπου του Ιησού Χριστού με τη χρήση ανθρώπων ως προτύπων είναι πρακτική της δυτικής τέχνης, και έρχεται σε αντίθεση με την ορθόδοξη παράδοση. Βλ. σχετικά Δημητρίου Τσελεγγίδη, *Εικονολογικές Μελέτες*, Έκδοση Ι.Μ. Κοιμήσεως της Θεοτόκου, Μάκρη Αλεξανδρουπόλεως, Θεσσαλονίκη 2003, σελ. 214 κ.α..
[14] Leonard Walton, « Vladimir Soloviev », *Dublin Reviw* 225 (1951), σελ. 27.
[15] Βλ. σχετικά και σε διάφορα σημεία του έργου της Marina Kostalevsky, *Dostoevsky and Soloviev, The Art of Integral Vision*, Russian Literature and Thought Series, Yale University Press, 1997.

Εισαγωγή

Άννα Γρηγόριεβνα Dostoevsky αναφέρει στα απομνημονεύματά της, πως είχε ζητήσει από τον Soloviev να πάρει μαζί του τον σύζυγό της στο ταξίδι του στην Όπτινα, ώστε αυτός να παρηγορηθεί για τον θάνατο του γιου τους Αλεξέι. Το ταξίδι των δύο φίλων στην Όπτινα πραγματοποιήθηκε τον Ιούνιο του 1878, και ήταν σ' αυτό το ταξίδι που ο Dostoevsky συνάντησε τον Στάρετς Αμβρόσιο, συνάντηση που υπήρξε η έμπνευση για τη συγγραφή του διαλόγου της χριστιανής που είχε χάσει τον γιο της με τον Στάρετς Ζωσιμά στο έργο *Αδελφοί Καραμαζώφ*. Αλλά και ο Dostoevsky στήριξε ηθικά τον φίλο του Soloviev σε διάφορες περιπτώσεις, όπως π.χ. κατά την υποστήριξη της φιλοσοφικής του διατριβής[16].

Όντας ελεύθερη και ανεξάρτητη προσωπικότητα, ο Soloviev δεν δίστασε να ασκήσει κριτική για την κοινωνική αδικία που τόσο έντονα βίωναν οι ασθενέστερες τάξεις στη Ρωσία ή για την καταπίεση διαφόρων εθνικών μειονοτήτων, ενώ, επίσης, υποστήριξε και την κατάργηση της θανατικής ποινής. Σε κάποιες περιπτώσεις φαίνεται πως υπερέβη τα εσκαμμένα. Αδέσμευτος, ορμητικός και ιδιόμορφος όπως ήταν, ο Soloviev καταπιάστηκε και με αμφιλεγόμενα θέματα, πάνω στα οποία υποστήριξε ακόμη πιο αμφιλεγόμενες απόψεις, με αποτέλεσμα να παρέμβει η λογοκρισία και να απαγορεύσει τη δημοσίευση έργων του. Ο Soloviev συνέχισε να δημοσιεύει κείμενά του με το ψευδώνυμο «Prince Esper Heliotrope» (Geliotropov, απ' το ηλιοτρόπιο), δείχνοντας έτσι πώς αντιλαμβανόταν τον εαυτό του, πάντοτε στραμμένο στο φως της αλήθειας του Χριστού, πάντοτε δείχνοντας την πηγή της ζωής.

Ο Βλαδίμηρος Soloviev υπήρξε πολυγραφότατος. Συνέγραψε θρησκευτικά έργα, όπως οι *Διαλέξεις με θέμα την θεανθρωπότητα* (1882-4), *Η μεγάλη αντιπαράθεση και η χριστιανική πολιτική* (1883), *Τα Θρησκευτικά Θεμέλια της Ζωής»* (1882-4), *Η ιστορία και το μέλλον της Θεοκρατίας* (1885-7), *Η δογματική ανάπτυξη της Εκκλησίας, Η Ρωσία και η*

---

[16] Βλ. Dostoevsky Anna Gregorievna, *Ο Ντοστογιέβσκη και γω*, ο.π., σελ. 437-8 και 479.

οικουμενική εκκλησία (1889), αλλά και φιλοσοφικά, όπως *Η Ιστορία του Υλισμού, Η Ιστορία των Ηθών, Το νόημα της αγάπης* (1892-4) και *Η Δικαίωση του Καλού* (1895). Συμμετείχε δραστήρια στις συζητήσεις της εποχής του, δημοσιεύοντας, συνεχώς, κείμενα με παρεμβάσεις του, πολλά απ' τα οποία, αργότερα, ενσωμάτωνε στα βιβλία του. Σώζονται, τέλος, πολυάριθμες επιστολές του. Το έργο του έμελλε να διακόψει ξαφνικά ο θάνατος. Κοιμήθηκε στις 31 Ιουλίου του 1900 (13 Αυγούστου σύμφωνα με το γρηγοριανό ημερολόγιο) σε ηλικία μόλις 47 ετών. Η πάροδος του χρόνου δεν αφαίρεσε αλλά, αντίθετα, προσέθεσε στη δόξα του.

Το έργο του Soloviev υπήρξε σπουδαιότατο και επηρέασε σε σημαντικό βαθμό την πνευματική δημιουργία μεταγενέστερων θρησκευτικών φιλοσόφων, όπως οι Nicolas Berdyaev, Sergy Bulgakov, Pavel Florensky, και Nicolai Lossky. Ωστόσο, ο Soloviev δεν απέφυγε τα σφάλματα. Λόγω, ίσως, της παρορμητικής φύσης του, κατέληξε να υποστηρίζει σε κάποια θέματα τελείως εσφαλμένες διδασκαλίες, που, πραγματικά, αμαυρώνουν το κατά τα άλλα αξιέπαινο έργο του. Ο Soloviev έπεσε σε μια παγίδα στην οποία έπεσαν και πέφτουν, αν όχι όλοι οι θρησκευτικοί φιλόσοφοι και φιλοσοφούντες θεολόγοι, πάντως οι περισσότεροι. Και αυτή η παγίδα δεν είναι άλλη απ' την απροϋπόθετη και τελείως αδέσμευτη φιλοσοφική πραγμάτευση θεολογικών ζητημάτων. Σ' αυτό το σημείο βρίσκεται ο κίνδυνος. Γιατί η φιλοσοφία είναι σε μεγάλο μέρος ελεύθερος στοχασμός, όμως, τα δογματικά ζητήματα είναι αδιαπραγμάτευτα. Όταν μιλάς για δογματικά ζητήματα πρέπει να είσαι ιδιαίτερα προσεκτικός. Δεν υπερβαίνεις τα όρια που έθεσαν οι Πατέρες της Εκκλησίας. Δεν παίζεις « ἐν οὐ παικτοῖς ».

30) *Η ιστορία της Μικρής Ιστορίας για τον Αντίχριστο. Σύντομος σχολιασμός του έργου*

Η *Μικρή ιστορία για τον Αντίχριστο* περιλαμβάνεται στο τελευταίο έργο του Soloviev, το κύκνειο άσμα του, που

Εισαγωγή

έφερε τον τίτλο: *Πόλεμος, Πρόοδος και το Τέλος της Ιστορίας, περιλαμβάνεται μια Μικρή Ιστορία για τον Αντίχριστο, Τρεις Διάλογοι*. Ο ρώσος φιλόσοφος ολοκλήρωσε αυτό το έργο την Κυριακή του Πάσχα του 1900. Πέθανε λίγους μήνες αργότερα, στις 31 Ιουλίου 1900. Φαίνεται πως είχε προαισθανθεί το τέλος του, γιατί στο τέλος του προλόγου του έργου του έγραψε: « Ακόμη και σ' αυτή τη βελτιωμένη μορφή, συνεχίζω να διαπιστώνω πολυάριθμες ατέλειες. Αλλά όχι λιγότερο αισθάνομαι την ψυχρή εικόνα του ωχρού θανάτου, ο οποίος ήρεμα με συμβουλεύει να μην αναβάλω την έκδοση αυτού του βιβλίου για έναν αόριστο και ελάχιστα ασφαλή χρόνο »[17]. Επίσης, πρέπει να σημειώσουμε πως ο Soloviev, προς το τέλος της ζωής του στοχαζόταν έντονα το τέλος του κόσμου, το οποίο αισθανόταν πως πλησίαζε. Αυτός ο έντονος βιωματικός στοχασμός του εκφράστηκε στη *Μικρή Ιστορία για τον Αντίχριστο*.

Το τελευταίο βιβλίο του Soloviev είναι στο μεγαλύτερο μέρος του γραμμένο σε διαλογική μορφή. Στο τέλος του τρίτου και τελευταίου διαλόγου, ο Soloviev παραθέτει την *Μικρή Ιστορία για τον Αντίχριστο*, μια θαυμάσια αφήγηση που θεωρείται ως το αντίστοιχο του *Μεγάλου Ιεροεξεταστή*, του Dostoevsky[18]. Η *Μικρή Ιστορία για τον Αντίχριστο* παρουσιάζεται σαν έργο κάποιου μοναχού, που έφερε το όνομα Πανσόφιος. Ο Soloviev οδηγήθηκε στην επιλογή της συγκεκριμένης λογοτεχνικής μορφής από τη φύση του θέματος, που δεν θα μπορούσε να αποδοθεί εύκολα με τον διάλογο, αλλά και από τη θρησκευτική σπουδαιότητά του.

---

[17] Βλ. σελ. 70 και Vladimir Soloviev, *War, progress, and the end of history, including a short story of the Antichrist, three discussions*, translated from the russian by Alexander Bakshy, with a biographical note by Dr. Hagberg Wright, University of London Press, London 1915, σελ. xxxiii.

[18] Βλ. V. V. Bibikhin, « Dve legendy, odno videnie: inkvizitor I antikhrist » (Two Legends, One Vision: The Inquisitor and the Antichrist), *Iskusstvo kino*, 1994, 4, σελ. 6-11, και Will van den Bercken, « Dostoevsky's Grand Inquisitor and Vladimir Solovyov' s Antichrist», *Christian Fiction and Religious Realism in the Novels of Dostoevsky*, Anthem Press 2011, σελ. 97-106.

Μια Μικρή Ιστορία για τον Αντίχριστο – V. SOLOVIEV
Εισαγωγή-μετάφραση-σχόλια Βασιλείου Ταμιωλάκη

Πέντε είναι τα στοιχεία που ο Soloviev, όπως σημειώνει ο ίδιος, χρησιμοποίησε για τη συγγραφή της *Μικρής Ιστορίας για τον Αντίχριστο*.
1) Η Αγία Γραφή.
2) Η Παράδοση της Εκκλησίας.
3) Τα ιστορικά δεδομένα της εποχής του.
4) Η κοινή λογική.
5) Η φαντασία.[19]

Ο Soloviev αξιοποίησε αυτά τα στοιχεία με επιτυχία και δημιούργησε ένα κείμενο συναρπαστικό και εξαιρετικά ενδιαφέρον. Ο μυθιστορηματικός τρόπος γραφής που χρησιμοποιεί ο ρώσος φιλόσοφος το καθιστά εύληπτο και προσιτό, ακόμη και στον πιο απλό αναγνώστη. Είναι σοφά γραμμένο και, μέσα σε μικρό χρονικό διάστημα, σε πληροφορεί και σε προβληματίζει. Ο Soloviev κατορθώνει σε λίγες σελίδες ό,τι άλλοι δεν επιτυγχάνουν με σειρές βιβλίων.

Ο Soloviev συνελάμβανε τα μηνύματα του καιρού του. Είχε διορατικότητα. Οι προβλέψεις του για τις εξελίξεις στις διάφορες χριστιανικές ομολογίες, στην παγκόσμια πολιτική σκηνή, στο κοινωνικό γίγνεσθαι, είναι εξαιρετικά ενδιαφέρουσες. Η ψυχογραφία του Αντιχρίστου είναι πολύ επιτυχημένη. Η υπερηφάνεια του «θηρίου», ο φθόνος και το μίσος του προς τον Ιησού Χριστό περιγράφονται παραστατικότατα.

Το έργο, στα περισσότερα σημεία του, αποδίδει την εσχατολογική διδασκαλία της Εκκλησίας. Η αποστασία της κοινωνίας πριν την έλευση του Αντιχρίστου, ο σφετερισμός της μεσσιανικής ιδιότητας του Χριστού απ' το «θηρίο», η υποκρισία του Αντιχρίστου στην πρώτη περίοδο της κυριαρχίας του[20], η μαγική ιδιότητα του υπασπιστή του, η καταφυγή των Χριστιανών στην έρημο, όλα αυτά τα στοιχεία υπάρχουν στην ορθόδοξη χριστιανική εσχατολογική

---
[19] Βλ. σχετικά τα σχόλια του Soloviev για τη *Μικρή Ιστορία για τον Αντίχριστο* στον πρόλογο του τελευταίου έργου του, σελ. 66-70, και στο ίδιο το έργο, σελ. 79.
[20] Βλ. και Bernard Marchadier, *Soloviev's Ecumenism and Eschatology*, Paris 1994, σελ. 158.

Εισαγωγή

παράδοση. Ωστόσο, ο Soloviev σε κάποια σημεία διαφοροποιείται από την χριστιανική περί εσχάτων διδασκαλία, με αποτέλεσμα να υποπίπτει σε σφάλματα. Έτσι, η *Μικρή Ιστορία για τον Αντίχριστο*, παρά το ότι σε γενικές γραμμές εκφράζει την ορθόδοξη διδασκαλία, εμπεριέχει, όμως, και κάποιες εσχατολογικές και όχι μόνο αστοχίες.

Πάντως, ο Soloviev, παρά τις όποιες ελλείψεις και τα σφάλματά του, εξέφρασε σε γενικές γραμμές την ορθόδοξη παράδοση για τον Αντίχριστο με εξαιρετική πειστικότητα και άφθαστη λογοτεχνική χάρη. Και επεσήμανε εσφαλμένες εσχατολογικές θεωρίες που είχαν παρουσιαστεί στα θεολογικά fora της εποχής του. Ας μην ξεχνάμε πως, όταν ο φιλόσοφος Soloviev παρουσίαζε με τόση πειστικότητα τον Αντίχριστο ως πρόσωπο, ετερόδοξοι θεολόγοι στη Δύση αρνούνταν την μελλοντική έλευση του Αντιχρίστου, την οποία χαρακτήριζαν ως μύθο[21]. Και αξίζει να σημειωθεί πως, δυστυχώς, μέχρι και σήμερα δεν λείπουν οι συνεχιστές αυτής της απόλυτα εσφαλμένης εσχατολογίας.

Επίσης, δεν πρέπει να λησμονούμε πως στο έργο του Soloviev υπάρχει το στοιχείο της μυθοπλασίας, το «λογοτεχνική αδεία». Ο Soloviev δεν συντάσσει μια δογματική εργασία, αλλά δημιουργεί ένα λογοτεχνικό έργο. Και ο ίδιος δηλώνει πως έχει χρησιμοποιήσει εν μέρει και τη φαντασία, για να καλύψει κενά που αφήνει η αγιογραφική και πατερική παράδοση. Δεν διεκδικεί για το έργο του δάφνες θεολόγου, δεν προβάλλει το έργο του ως αλάθητο. Κάνει μια απόπειρα έκφρασης της εσχατολογικής πίστης της εκκλησίας με λογοτεχνικά μέσα, με όλα τα πλεονεκτήματα και τα μειονεκτήματα, που έχει ο συνδυασμός θεολογίας και λογοτεχνίας. Και, βέβαια, θα πρέπει να τονίσουμε πως, και γενικότερα, ο Soloviev ήταν λιγότερο θεολόγος και περισσότερο φιλόσοφος. Γι' αυτό και υπέπεσε σε διάφορα σφάλματα.

Σε τελική ανάλυση, τα θετικά στοιχεία του κειμένου είναι πολύ περισσότερα από τα αρνητικά. Γι' αυτό και ο Άγιος

---

[21] Βλ. Βασιλείου Ταμιωλάκη, *Η Διδασκαλία των Πατέρων της Εκκλησίας για τον Αντίχριστο*, Θεσσαλονίκη 2012, σελ. 70-77.

Μια Μικρή Ιστορία για τον Αντίχριστο – V. SOLOVIEV
Εισαγωγή-μετάφραση-σχόλια Βασιλείου Ταμιωλάκη

Ιωάννης Μαξίμοβιτς επαίνεσε το έργο του Soloviev και το χρησιμοποίησε σε μια ομιλία του πάνω στην Β΄ Παρουσία[22]. Το ίδιο έκανε και ο Γέροντας Seraphim Rose[23]. Άλλωστε, η επισήμανση στην παρούσα έκδοση των όποιων αστοχιών του έργου, δίνει την δυνατότητα στον αναγνώστη να ωφεληθεί απ' τα πολλά θετικά στοιχεία του, χωρίς να ζημιωθεί απ' τα λίγα αρνητικά. Μάλιστα, δεν θα πρέπει να παραγνωρίζεται πως, συχνά, ο άνθρωπος κατανοεί καλύτερα και εμπεδώνει τη σωστή θέση πάνω σε ένα θέμα, με την κατάδειξη και επισήμανση της αντίστοιχης εσφαλμένης θέσης. Έτσι, η κατάδειξη των εσχατολογικών σφαλμάτων του Soloviev θα βοηθήσει τον αναγνώστη να κατανοήσει καλύτερα την περί Αντιχρίστου εκκλησιαστική διδασκαλία. Συνεπώς, και υπ' αυτή την έννοια, η παρουσίαση του έργου του Soloviev θα οικοδομήσει και θα ωφελήσει.

Ας κρατήσει, λοιπόν, ο αναγνώστης τα πολλά θετικά στοιχεία της *Μικρής Ιστορίας για τον Αντίχριστο*. Ας τα αξιοποιήσει. Ας προσπεράσει τα όποια αρνητικά. Ας προβληματιστεί πάνω στα ζητήματα που θέτει ο μεγάλος ρώσος φιλόσοφος. Και ας επιδιώξει να ενημερωθεί πληρέστερα σχετικά με την εσχατολογική διδασκαλία της Εκκλησίας για τον Αντίχριστο. Η ενημέρωση ασφαλίζει και θωρακίζει τον Χριστιανό, και, ταυτόχρονα, τον ηρεμεί και τον αναπαύει. Αντίθετα, η άγνοια τον αφήνει έκθετο σε πνευματικούς κινδύνους και έρμαιο της ανασφάλειας και του φόβου. Η γνώση είναι δύναμη. Και η γνώση των εσχατολογικών θεμάτων και της περί Αντιχρίστου εκκλησιαστικής διδασκαλίας δυναμώνει πνευματικά τον Χριστιανό.

---

[22] Βλ. Ιωάννου Μαξίμοβιτς, « Ομιλία για τη φοβερή Κρίση », στο *Άγιος Ιωάννης Μαξίμοβιτς, Ο άνθρωπος του Θεού*, Α΄ Έκδοση, Εκδόσεις Μυριόβιβλος, Αθήνα 2008, σελ. 300-309.

[23] Βλ. και Δαμασκηνού Ιερομονάχου, π. *Σεραφείμ Ρόουζ, Η ζωή και τα έργα του*, τόμος Α΄, Εκδόσεις Μυριόβιβλος, Μετάφραση Επιμέλεια Χαρά Λιαναντωνάκη, Ε΄ Έκδοση, Αθήνα 2006, σελ. 408-9.

Εισαγωγή

4) Ο *Soloviev* και ο *Αντίχριστος*

Αν το κύκνειο άσμα του Soloviev είχε ως θέμα το τέλος του κόσμου, όμως ο ρώσος φιλόσοφος, ήδη από την αυγή του βίου του, στοχαζόταν τους έσχατους χρόνους. Ο Soloviev, από μικρό παιδί, είχε διδαχθεί την χριστιανική περί Αντιχρίστου διδασκαλία και είχε, βαθύτατα, επηρεαστεί από αυτήν. Μάλιστα, είχε εκμυστηρευτεί στον ανιψιό του πως σαν παιδί υπέβαλε το σώμα του σε δοκιμασίες, περιμένοντας την άμεση έλευση του Αντιχρίστου και επιθυμώντας να πεθάνει σαν μάρτυς: « Στην παιδική μου ηλικία, σε στιγμές που αισθήματα θρησκευτικής ανάτασης με έκαναν να επιθυμώ να γίνω μοναχός, ξεκίνησα να υποβάλλω το σώμα μου σε αυστηρές σωματικές ασκήσεις, αναμένοντας την επικείμενη έλευση του Αντιχρίστου και επιθυμώντας να πεθάνω σαν μάρτυς για την ομολογία της πίστεως », ήταν τα ακριβή λόγια του Soloviev προς τον ανηψιό του[24].

Επίσης, δεν πρέπει να παραθεωρείται πως η *Μικρή Ιστορία για τον Αντίχριστο* δεν ήταν η πρώτη εργασία του Soloviev πάνω στην χριστιανική εσχατολογία. Ο ρώσος φιλόσοφος, όπως αναφέρει ο ίδιος στον πρόλογο του έργου του *Τρεις Διάλογοι*, είχε δώσει και παλαιότερα μια διάλεξη με αυτό το θέμα, διάλεξη που είχε δημιουργήσει αίσθηση στους κύκλους της ρωσικής διανόησης. Αυτό δείχνει πως το τέλος του κόσμου ήταν ένα θέμα που, γενικότερα, απασχολούσε τον ρώσο φιλόσοφο.

Όμως, προς το τέλος της ζωής του, ο Soloviev βιώνει πολύ πιο έντονα την εσχατολογική ανησυχία και αισθάνεται πως ο διάβολος έχει ξεκινήσει την τελική του επίθεση κατά του Χριστιανισμού, επίθεση που θα καταλήξει στην έλευση του Αντιχρίστου. Το 1897 γράφει στον φίλο του Weliezko:

« " Το χάος βασιλεύει,
ο ύπνος δεν είναι πια ο ίδιος,
κάτι συμβαίνει,

---

[24] Όπως παρατίθεται στην εισαγωγή της έκδοσης του έργου του Vladimir Soloviev, *War, the Christian and Antichrist*, New edition by William G. von Peters, 2013, σελ. 141.

κάποιος έρχεται ". Μπορείς να μαντέψεις πως με αυτό το " Κάποιος " εννοώ τον ίδιο τον Αντίχριστο. Το τέλος του κόσμου έρχεται και το αισθάνομαι να φυσά στο πρόσωπό μου, καθαρό μα φευγαλέο, ακριβώς όπως ο ταξιδιώτης, καθώς πλησιάζει τη θάλασσα, αισθάνεται τον θαλασσινό αγέρα, προτού δει τα ίδια τα φουσκωμένα κύματα »[25].

Την άνοιξη του 1899 ο Soloviev ξεκινά να γράφει το έργο του *Τρεις Διάλογοι*, στο οποίο πραγματεύεται το πρόβλημα του κακού. Κατακλείει το έργο του με την *Μικρή Ιστορία για τον Αντίχριστο*, όπου περιγράφει την τελική μάχη του κακού ενάντια στο καλό, του Σατανά ενάντια στον Θεό. Μέσα σε ένα χρόνο το κύκνειο άσμα του ρώσου φιλόσοφου θα έχει ολοκληρωθεί και θα έχει ξεκινήσει να εκδίδεται τμηματικά.

Το 1900 ο Soloviev έχει ξεκινήσει να διαβάζει δημόσια την *Μικρή Ιστορία για τον Αντίχριστο*. Το Πάσχα του ίδιου έτους συγκεντρώνει εκλεκτούς φίλους του στο σπίτι του αδελφού του Μιχαήλ στη Μόσχα και τους διαβάζει ολοκληρωμένη πια τη *Μικρή Ιστορία για τον Αντίχριστο*. Ο Andrei Beli περιγράφει το γεγονός με εξαιρετική παραστατικότητα στο έργο του Arabeski (Μόσχα 1911) ως εξής: « Ο Soloviev έμοιαζε στενοχωρημένος και αποκαμωμένος, φέροντας το ίδιο αποτύπωμα θανάτου και φοβερού μεγαλείου, που είχε χαραχθεί πάνω του ιδιαίτερα τους τελευταίους μήνες. Ήταν σαν να είχε δει κάτι που κανείς άλλος δεν είχε δει, και δεν έβρισκε τις λέξεις για να επικοινωνήσει τη γνώση του. Ο Soloviev ξεκίνησε να διαβάζει. Καθώς διάβαζε τα λόγια: " Ο Ιωάννης στάθηκε ορθός σαν λευκό κερί ", έκανε και μια κίνηση, όπως θα έκανε για να σηκωθεί. Τεντώθηκε στην πολυθρόνα του. Μέσα απ' το παράθυρο μπορούσε κάποιος να δει το αντιφέγγισμα των αστραπών. Το πρόσωπο του Soloviev τρεμόπαιζε στη λάμψη τους, σαν να το είχε αγγίξει η έμπνευση ».

---

[25] Solovyov V. S., Pisma vol. I, Saint Petersburg 1908, σελ. 232. Βλ. και Vladimir Soloviev, *War, the Christian and Antichrist*, New edition by William G. von Peters, 2013, σελ. 141.

Εισαγωγή

Η *Μικρή Ιστορία για τον Αντίχριστο* δεν ήταν απλά το τελευταίο έργο του Soloviev. Ήταν και, τρόπον τινά, η διαθήκη του, η φιλοσοφική και θεολογική του παρακαταθήκη. Όλες οι μαρτυρίες δείχνουν πως ο Soloviev, όχι απλά εννοούσε όσα έγραφε, αλλά κυριολεκτικά συνείχετο από μια εσχατολογική ανησυχία, που δεν περιορίστηκε στη λογοτεχνική της έκφραση, αλλά διαπότιζε, γενικότερα, τη σκέψη και τον βίο του ρώσου φιλοσόφου.

Χαρακτηριστικότατη είναι η μαρτυρία του φίλου του Velichko σχετικά με μια συζήτηση που είχε με τον Soloviev δύο μόλις μήνες πριν τον θάνατό του. Γράφει ο Velichko: « Μιλώντας για την *Ιστορία για τον Αντίχριστο* – ο Soloviev – με ρώτησε: " Τί νομίζεις πως θα πάθω για το ότι την έγραψα; ". " Από ποιόν; ", ρώτησα. Μου απάντησε: " Φυσικά, από αυτόν στον οποίο αναφέρεται η ιστορία. Από αυτόν τον ίδιο ". Αντιλαμβανόμενος τί ήθελε να πει, απάντησα: " Μα αυτό δεν θα συμβεί πολύ σύντομα ". Μετά από παύση ενός λεπτού, μου απάντησε με πολλή σοβαρότητα: " Συντομότερα απ' ό,τι νομίζεις. Έχω το προαίσθημα πως πλησιάζει γοργά μια εποχή κατά την οποία οι Χριστιανοί θα είναι υποχρεωμένοι να κρύβονται στις κατακόμβες, ενώ η πίστη τους θα διώκεται. Ναι, άλλη μια φορά θα διώκεται, αλλά αυτή τη φορά θα γίνεται με λιγότερο εμφανή και άμεσο τρόπο απ' ό,τι στην εποχή του Νέρωνα, καθώς οι μέθοδοι που θα χρησιμοποιηθούν θα είναι πιο εκλεπτυσμένοι και απάνθρωποι. Ψέματα και πολλές άλλες απάτες θα χρησιμοποιηθούν. Μα πες μου, δεν βλέπεις ποιός πλησιάζει, ποιός έρχεται; Τον βλέπω, τον βλέπω. Τον βλέπω εδώ και πολύ καιρό ". Η φωνή του Soloviev έτρεμε, τα μάτια του ήταν γεμάτα θλίψη. " Τώρα ", επανέλαβε με ανησυχία, " είναι κοντά " »[26].

Η *Μικρή Ιστορία για τον Αντίχριστο*, τελικά, εκδόθηκε μετά τον θάνατο του ρώσου φιλοσόφου. Έμελλε να γίνει το γνωστότερο έργο του. Χαρακτηριστικές του εσχατολογικού στοχασμού του Βλαδίμηρου Soloviev είναι και οι γραμμές με

---

[26] Velichko, *Vladimir Soloviev, His Life and Task*, όπως παρατίθεται στο *War, Christian and the Antichrist*, ο.π., σελ. 142. Η αναφορά του Soloviev σε επικείμενους διωγμούς κατά των Χριστιανών δεκαεπτά μόλις χρόνια πριν την επανάσταση του 1917 στη Ρωσία θεωρήθηκε προφητική.

τις οποίες έκλεινε το τελευταίο σημείωμα που έγραψε λίγες ημέρες πριν τον θάνατό του· αναφέρονταν και αυτές στο τέλος του κόσμου. « Το ιστορικό δράμα έχει ολοκληρωθεί, και το μόνο που απομένει είναι ο επίλογος, αν και αυτός μπορεί, όπως στον Ibsen, να εκταθεί σε πέντε πράξεις »[27].

5) Η καταπληκτική διορατικότητα του Soloviev. Η επαλήθευση των προβλέψεών του

Διαβάζοντας κανείς τη *Μικρή Ιστορία για τον Αντίχριστο* δεν μπορεί παρά να θαυμάσει τη διορατικότητα του Soloviev. Ο διάσημος ρώσος φιλόσοφος προέβλεψε με καταπληκτική ακρίβεια την πορεία του κόσμου στον εικοστό αιώνα. Αυτό έχει ιδιαίτερη σημασία λόγω και του ότι ο Soloviev έγραψε το δυστοπικό έργο του σε μια εποχή έντονης και διάχυτης αισιοδοξίας για το μέλλον της ανθρωπότητας. Η κοινή αντίληψη που επικρατούσε τότε στους φιλοσοφικούς κύκλους αλλά και την κοινωνία γενικότερα ήταν πως η ανθρωπότητα θα έλυνε με τα φώτα του διαφωτισμού όλα τα προβλήματά της και θα πορευόταν σε μια εποχή ειρήνης, ασφάλειας και ευημερίας. Το όνειρο σύντομα μετατράπηκε σε εφιάλτη. Ο εικοστός αιώνας με τους δύο παγκόσμιους πολέμους του διέψευσε με τον πιο τραγικό τρόπο τους ουτοπικούς οραματισμούς των ευρωπαίων διανοητών και δικαίωσε τον Βλαδίμηρο Soloviev που λίγα χρόνια πριν έγραφε για σειρά πολέμων. Τη *Μικρή Ιστορία για τον Αντίχριστο* του Soloviev θα ακολουθήσει μια σειρά δυστοπικών έργων από τους Capek, Zamyatin, Witkiewicz, και βέβαια τους Huxley και Orwell[28].

---

[27] Solovyov V. S., Pisma vol. X, 226, Ιούνιος 1900, όπως παρατίθεται στο έργο *A Solovyov Anthology*, arranged by S. L. Frank, Translated from the russian by Natalie Duddington, SCM PRESS LTD, London 1950, σελ. 27.
[28] Βλ. και Βασιλείου Ταμιωλάκη, *Η Διδασκαλία των Πατέρων της Εκκλησίας για τον Αντίχριστο*, ο.π., σελ. 44-46.

Εισαγωγή

Οι περισσότερες από τις προβλέψεις του Soloviev επαληθεύτηκαν. Ας δούμε μερικές από αυτές:
1) Η υλική και τεχνολογική πρόοδος.
2) Η πρόσληψη απ' την Ασία όψεων του δυτικού πολιτισμού.
3) Η εγκατάσταση των Εβραίων στην Παλαιστίνη
4) Η αντικατάσταση των μοναρχιών από δημοκρατίες.
5) Η παγκοσμιοποίηση με την άμβλυνση των εθνικών αντιθέσεων και την τάση για συγκεντρωτικότερες μορφές εξουσίας.
6) Η αύξηση της επίδρασης των μυστικών εταιρειών στα δημόσια πράγματα.
7) Η δημιουργία Ηνωμένων Πολιτειών της Ευρώπης με ευρωπαϊκό κογκρέσο και κέντρο λήψης αποφάσεων στο Βερολίνο.
8) Η χρεωκοπία του θεωρητικού υλισμού.
9) Η ηθική εξαχρείωση, που θα φτάσει στην ανοχή όλων των ηθικών παρεκτροπών.
10) Η μείωση της επίδρασης του Χριστιανισμού στο δημόσιο βίο.
11) Ο θρησκευτικός συγκρητισμός.

Κάποιες από αυτές τις προβλέψεις επαληθεύτηκαν με ακρίβεια τόσο στα κύρια σημεία τους όσο και στις λεπτομέρειές τους. Άλλες, πάλι, επαληθεύτηκαν μόνο στα κύρια σημεία τους. Έτσι, η παγκοσμιοποίηση, επί παραδείγματι, αν και δεν πραγματοποιήθηκε ακριβώς όπως αναφέρει ο Soloviev, όμως, τελικά πραγματοποιήθηκε. Αυτό που έχει σημασία είναι πως η κύρια πρόβλεψη του Soloviev επαληθεύτηκε. Η παγκοσμιοποίηση ήρθε.

Οι πρώτες σελίδες της *Μικρής Ιστορίας για τον Αντίχριστο,* ίσως, φανούν περίεργες στον αναγνώστη. Εισβολή της Ασίας στην Ευρώπη; Κάτι τέτοιο δεν συνέβη στον εικοστό αιώνα. Ο Soloviev φαίνεται να διαψεύστηκε. Ωστόσο, μια πιο προσεκτική εξέταση τόσο του κειμένου όσο και της ιστορίας αλλά και της σύγχρονης πραγματικότητας, δικαιώνει τον Soloviev. Κατ' αρχήν, το 1904 η Ρωσία ηττήθηκε από τους

Ιάπωνες στον πρώτο ρωσοϊαπωνικό πόλεμο[29]. Αυτή η ήττα θεωρήθηκε επαλήθευση των προβλέψεων του διορατικού Soloviev. Αλλά και η επεκτατική πολιτική της αυτοκρατορικής Ιαπωνίας κατά τον Β΄ παγκόσμιο πόλεμο φέρνει στο νου του συνετού μελετητή της ιστορίας τις αναφορές του Soloviev για τον παμμογγολισμό. Επομένως, η ιστορία δικαίωσε τον ρώσο φιλόσοφο.

Όμως, η πρόβλεψη του Soloviev επαληθεύεται μέχρι και σήμερα και με έναν άλλο τρόπο. Διότι μπορεί, πράγματι, να μην υπέστη – μέχρι σήμερα τουλάχιστον – η Ευρώπη κάποια στρατιωτική εισβολή, υπέστη, όμως, και υφίσταται μια μη πολεμική εισβολή μέσω της λαθραίας μετανάστευσης, η οποία έχει επιφέρει και συνεχίζει να επιφέρει τα ίδια, αν όχι χειρότερα αποτελέσματα από μια στρατιωτική εισβολή, που, στο κάτω κάτω, σχεδόν πάντα, προκαλεί μια συνειδητοποίηση του κινδύνου, μια αφύπνιση του αμυνόμενου, μια επιστροφή στις ρίζες του, και, τελικά, μια αντίδραση προς τον εισβολέα.

Η Δύση, κάθε μέρα ολοένα και περισσότερο, χάνει τη χριστιανική της ταυτότητα, χάνει τον πολιτισμό της, χάνει τον χαρακτήρα της. Τα ρεύματα των μεταναστών που κατακλύζουν την Ευρώπη δεν προέρχονται μόνο από την Ασία αλλά και από την Ινδία, το Πακιστάν, τις αραβικές χώρες. Και κατακλύζουν όχι μόνο την Ευρώπη – κυρίως αυτήν – αλλά και τον Καναδά και τις Ηνωμένες Πολιτείες και την Αυστραλία, δηλαδή τον χριστιανικό κόσμο. Κάποιοι από αυτούς τους μετανάστες αρνούνται να αφομοιωθούν. Δεν θέλουν να προσαρμοστούν στην παράδοση της χώρας στην οποία κατέφυγαν, αλλά να προσαρμοστεί η χώρα στις δικές τους απαιτήσεις και τις δικές τους παραδόσεις, από τις οποίες – τί ειρωνία! – αποδιδράσκουν. Κομίζουν μια μη χριστιανική κουλτούρα και απαιτούν την αναγνώριση αυτής της

---

[29] Βλ. Sabin Doran, *The Culture of Yellow or the Visual Politics of Late Modernity*, Bloomsbury, New York 2013, σελ. 131-4, όπου γίνεται αναφορά στον Soloviev, ο οποίος, όχι απλά είχε προβλέψει την επερχόμενη σύγκρουση αλλά είχε προτείνει και τη συνεργασία Δύσης και Μόσχας για την αποσόβηση του ασιατικού κινδύνου.

Εισαγωγή

κουλτούρας, τη νομοθετική της κατοχύρωση, και, τελικά, την επικράτησή της σε βάρος του χριστιανικού πολιτισμού.

Ταυτόχρονα, αυτή η εισβολή των μεταναστών συνοδεύεται και από μια πολιτική άλωση των δυτικών κυβερνήσεων, που, συχνά, υπερθεματίζουν προωθώντας μια αντιχριστιανική νομοθεσία, αλλά και από μια πολιτιστική άλωση του δυτικού κόσμου, που συντελείται, κατά ένα μεγάλο μέρος, μέσω της πνευματικής ηγεσίας, και, κυρίως, των Μ.Μ.Ε.. Έτσι, ακόμη και αν δεν υπήρξε πολιτική εισβολή της Ασίας στην Ευρώπη – μέχρι τώρα τουλάχιστον – υπήρξε, όμως, πολιτιστική εισβολή του μη χριστιανικού κόσμου στον δυτικό χριστιανικό κόσμο. Οι ανατολικές φιλοσοφίες και ο ισλαμισμός διαδίδονται με όλους τους τρόπους, την ίδια στιγμή που ο Χριστιανισμός πλήττεται και λοιδορείται. Κοντολογίς, ο δυτικός κόσμος αποχριστιανοποιείται. Ο δρόμος για τον Αντίχριστο ετοιμάζεται.

Άλλωστε, δεν πρέπει να λησμονούμε πως και ο ίδιος ο Soloviev γράφει στον πρόλογο του έργου του πως δεν θα μπορούσε να είναι βέβαιος για τις λεπτομέρειες των προβλέψεών του σχετικά με την αντιπαράθεση Ευρώπης και Ασίας, και πως αυτό το οποίο ήθελε να καταδείξει ήταν η αντίθεση και αντιπαράθεση των δύο κόσμων και η πιεστική ανάγκη για ειρήνη και αληθινή φιλία μεταξύ των ευρωπαϊκών εθνών που αυτή θα επέφερε. Το στοιχείο στο οποίο ο Soloviev έδινε ιδιαίτερη έμφαση αναφορικά με την εισβολή της Ασίας στην Ευρώπη ήταν ο θρησκευτικός και πολιτιστικός συγκρητισμός που προέβλεπε πως θα ακολουθούσε. Και αυτός στην εποχή μας αποτελεί μια αναντίλεκτη πραγματικότητα.

Ο Soloviev, πάντως, σημειώνει πως στην Αγία Γραφή υπάρχουν χωρία, που θα μπορούσαν να υποστηρίξουν τις προβλέψεις του για πολεμική αντιπαράθεση μεταξύ Ασίας και Ευρώπης. Και ας μην ξεχνάμε πως η ιστορία βρίσκεται σε εξέλιξη. Τα τελευταία χρόνια όλοι μιλούν για το ξύπνημα του κινέζικου δράκου, ο οποίος οικονομικά έχει εισχωρήσει στον δυτικό κόσμο. Αν η αντιπαλότητα μείνει στο παρασκήνιο ή προχωρήσει στο προσκήνιο των εξελίξεων, αν παραμείνει περιορισμένη στο θέμα της οικονομίας ή επεκταθεί και σε άλλα επίπεδα, αυτό είναι κάτι που το μέλλον θα δείξει.

Μια Μικρή Ιστορία για τον Αντίχριστο – V. SOLOVIEV
Εισαγωγή-μετάφραση-σχόλια Βασιλείου Ταμιωλάκη

Οι προβλέψεις, λοιπόν, του Soloviev για το μέλλον τόσο σε πολιτικό-ιστορικό όσο και σε ιδεολογικό-πνευματικό επίπεδο υπήρξαν εξαιρετικά επιτυχείς. Όχι λιγότερο σοφές και οξυδερκείς υπήρξαν και οι παρατηρήσεις και διαπιστώσεις του για το παρόν της εποχής του.
Γνωρίζουμε πως οι παλαιοί προφήτες είχαν διπλό ρόλο. Δεν προέβλεπαν μόνο το μέλλον αλλά έκριναν και ανέτεμαν πνευματικά την εποχή τους. Μαρτυρούσαν το θέλημα του Θεού, μετέφεραν το μήνυμά Του στις κοινωνίες τους. Κάτι ανάλογο πράττει και ο Soloviev, ως διανοούμενος προφήτης. Κρίνει τις διάφορες ιδέες και τάσεις, που κυριαρχούσαν στα fora της εποχής του, αναγνωρίζοντας σε κάποιες από αυτές τη σφραγίδα του Αντιχρίστου. Έτσι, θεωρεί πως τον δρόμο για τον Αντίχριστο θα προετοιμάσουν:
1) Η κυριαρχία αντίχριστων « θεολογιών », όπως η θεολογία της υψηλής κριτικής[30].
2) Ο χωρίς Χριστό « χριστιανισμός ». Η απομόνωση και αποσύνδεση των χριστιανικών αξιών απ' το πρόσωπο του Χριστού.
3) Η πρόταξη μιας επιφανειακής ειρήνης έναντι της αλήθειας.

Εξαιρετική, τέλος, είναι και η διάγνωση απ' τον Soloviev του κύριου πειρασμού των τριών χριστιανικών

---

[30] Υψηλή Κριτική (higher criticism): Μέθοδος ερμηνείας της Αγίας Γραφής που αναπτύχθηκε στη Δύση από τον 16ο αιώνα και μετά. Η Υψηλή Κριτική έχει μια αντίχριστη ποιότητα, καθώς βασίζεται στην άρνηση της θεοπνευστίας των Γραφών και της θεότητας του Χριστού. Η κατάπτωση της δυτικής θεολογίας έφτασε σε τέτοιο επίπεδο, ώστε ακόμη και ο φιλόσοφος Hegel να γράφει πως « τον τελευταίο καιρό φτάσαμε στο σημείο η φιλοσοφία να υπερασπίζεται το περιεχόμενο της θρησκείας έναντι ορισμένων ειδών θεολογίας » (Hegel Georg Wilhelm Friedrich, *Ο Λόγος στην Ιστορία, Εισαγωγή στη φιλοσοφία της ιστορίας*, Μετάφραση – Προλεγόμενα – Ερμηνευτικά Σχόλια, Παναγιώτης Θανασάς, Εκδόσεις Μεταίχμιο, Αθηνα 2005, σελ. 122). Για την α-θεολογία της υψηλής κριτικής βλ. και σε διάφορα σημεία της μελέτης του Βασιλείου Ταμιωλάκη, « Οι δογματικές προϋποθέσεις και συνέπειες της ύστερης χρονολόγησης των Ευαγγελίων, Η μετάθεση παραδείγματος υπέρ μίας πρώιμης χρονολόγησής τους και η συνδρομή της παπυρολογίας σ' αυτή τη μετάθεση », *Γρηγόριος ο Παλαμάς*, τ. 846 (Σεπτέμβριος 2012 – Δεκέμβριος 2014), σελ. 31-66, και τ. 847, σελ. 35-67 .

Εισαγωγή

δογμάτων. Για τους Ρωμαιοκαθολικούς είναι η εμμονή στην εξουσία του Πάπα. Για τους Προτεστάντες είναι η προσκόλλησή τους αποκλειστικά και μόνο στην Αγία Γραφή. Για τους Ορθοδόξους είναι η πρόταξη των εξωτερικών λατρευτικών τύπων εις βάρος της ουσίας της Ορθοδοξίας[31]. Ο Αντίχριστος προσπαθεί να αντικαταστήσει τον Χριστό είτε με την επισκοπική εξουσία, στην προκειμένη περίπτωση με τον Πάπα, είτε με την Βίβλο, είτε με τους λατρευτικούς τύπους. Όταν παραγνωρίζεται το γεγονός πως οι εκκλησιαστικές δομές, η Βίβλος και το λατρευτικό τυπικό υπάρχουν για τον Χριστό και όχι το αντίθετο, όταν αυτά τα τρία από μέσα γίνονται σκοπός, τότε υπάρχει πρόβλημα.

6) Η δικαίωση του Soloviev ως διανοούμενου οραματιστή-προφήτη

Όπως πολύ χαρακτηριστικά έχει ειπωθεί, « ο Soloviev κατάλαβε τον εικοστό αιώνα όπως κανένας άλλος, αλλά ο εικοστός αιώνας δεν κατάλαβε τον Soloviev... μάλιστα ο εικοστός αιώνας σε κάθε στροφή, διάλεξε την αντίθετη κατεύθυνση από αυτήν που ο Soloviev υπέδειξε »[32]. Και, πράγματι. Ο Soloviev επιβεβαιώθηκε στις προβλέψεις του, ακριβώς διότι ο εικοστός αιώνας αγνόησε τις προειδοποιήσεις του ρώσου διανοούμενου « προφήτη », και ακολούθησε μια πορεία ανεξάρτητα απ' αυτές.

---

[31] Αυτός ο κίνδυνος είχε επισημανθεί και από τον Γέροντα Σεραφείμ Rose. Βλ. Δαμασκηνού Ιερομονάχου, π. *Σεραφείμ Ρόουζ, Η ζωή και τα έργα του*, Τόμος Γ', Μετάφραση μοναχός Παΐσιος Νεοσκητιώτης, Εκδόσεις Μυριόβιβλος, Αθήνα 2009, σελ. 175-179, 186-188 και 302-307.
[32] Giacomo Cardinal Biffi, « Soloviev and our Time », στο *Inside the Vatican*, June/July 2000, σελ. 24-25, αποσπάστηκε από τον δικτυακό τόπο http://www.christiendom-awake.org/pages/soloviev/biffi.html, στις 02/07/2014. Βλ. σχετικά και στο έργο του ιδίου, *Pinocchio, Peppone, l' Anticristo e altre divagazioni*, Cantagali, Siena 2005, σελ. 256.

Έτσι, και αν δικαιώθηκε ο Soloviev, η δικαίωσή του είναι μια πικρή δικαίωση, καθώς συνίσταται στην εσφαλμένη πορεία της ανθρωπότητας, στην επιλογή των ανθρώπων να βαδίσουν στον δρόμο προς την καταστροφή. Και εδώ ανακύπτει το πρόβλημα της προφητείας, το πρόβλημα της δικαίωσης των προφητών αλλά και των διανοουμένων, που στοχάζονται το μέλλον της ανθρωπότητας. Πού βρίσκεται η δικαίωση του προφήτη ή, εν προκειμένω, του διανοητή και στοχαστή του μέλλοντος; Στην καταστροφή που προφητεύτηκε ή στην λόγω της προφητείας αποσόβησή της;

Όταν ο Θεός λυπήθηκε τους Νινευίτες και δεν κατέστρεψε τη Νινευί, ο Ιωνάς « ἐλυπήθη λύπην μεγάλην καὶ συνεχύθη »[33]. Και προσευχήθηκε στον Θεό και του είπε: « Ω Κύριε, αυτός δεν ήταν ο λόγος που δεν ήθελα να σε υπακούσω και έφυγα στην πόλη Θαρσίς; Διότι γνώριζα ότι εσύ είσαι ελεήμων και οικτίρμων, μακρόθυμος και πολυέλεος, και μετανοείς, όταν πρόκειται να τιμωρήσεις τους ανθρώπους για τις κακίες τους »[34]. Ο Ιωνάς στενοχωρήθηκε, διότι θεώρησε πως η σωτηρία της Νινευί ακύρωσε την αξιοπιστία του. Και, από μια άποψη, είχε δίκιο. Η προφητεία προκάλεσε την ακύρωσή της, ακριβώς, γιατί οι άνθρωποι στους οποίους απευθυνόταν, την έλαβαν υπ' όψιν τους. Αυτό ήταν καλό για τη Νινευί αλλά δεν ήταν τόσο καλό για τον Ιωνά, έτσι, τουλάχιστον, αυτός αρχικά θεώρησε. Ο Θεός του απάντησε με την βλάστηση και ξήρανση της « κολοκύνθης », δείχνοντάς του πως σημαντικότερη από την αξιοπιστία είναι η αγάπη.

Πότε, λοιπόν, δικαιώνεται ο προφήτης, ή, εν προκειμένω, ο διανοητής και στοχαστής του μέλλοντος; Όταν αγνοούνται οι προειδοποιήσεις του και πραγματοποιείται το δυστοπικό σενάριο, που στοχάστηκε; Ή όταν οι προειδοποιήσεις του λαμβάνονται υπ' όψιν, η κοινωνία αλλάζει πορεία, η καταστροφή αποτρέπεται και η προφητεία δεν επαληθεύεται; Πιστεύουμε πως ο προφήτης ή ο διανοούμενος στοχαστής του μέλλοντος δικαιώνεται και στις

---

[33] *Ιωνάς* 4,1.
[34] *Ιωνάς* 4,2.

Εισαγωγή

δύο περιπτώσεις. Η δικαίωση της κοινωνίας, στην οποία απευθύνεται ο προφήτης, είναι άλλη υπόθεση.

Βέβαια, πρέπει να τονίσουμε πως η εκπλήρωση των θεόπνευστων προφητειών είναι δεδομένη. Ακόμη και όταν καθυστερεί η πραγματοποίησή τους, πάντως, αυτή, εν τέλει επισυμβαίνει. Αυτό έγινε και με την περίπτωση της προφητείας του Ιωνά. Η Νινευί, τελικά, καταστράφηκε. Η μετάνοια των Νινευιτών λόγω της προφητείας του Ιωνά, απλά, μετέθεσε χρονικά την εκπλήρωσή της στο μέλλον. Όσον, πάλι, αφορά τις ανθρώπινες « προφητείες » με την έννοια της διορατικότητας, του στοχασμού για το μέλλον, αυτές άλλοτε εκπληρώνονται και άλλοτε όχι.

Ειδικότερα, όσον αφορά στις προβλέψεις του Soloviev, αυτές, στο μέρος που στηρίζονται στην Αγία Γραφή και την Ιερά Παράδοση, θα συμβούν, όπως έχουν προφητευτεί. Στο μέρος που βασίζονται στη διορατικότητά του ως στοχαστή και διανοουμένου θα συμβούν κατά πάσα πιθανότητα. Πάντως, το γεγονός πως οι προβλέψεις του Soloviev επαληθεύτηκαν στο μεγαλύτερο μέρος τους και μάλιστα με περισσή ακρίβεια, μας επιτρέπει βάσιμα να εικάσουμε πως θα επαληθευτούν και οι υπόλοιπες.

Βέβαια, αυτό ακούγεται λίγο δυσοίωνο. Διότι, ας αναλογιστούμε. Ο Soloviev προέβλεψε πως στον εικοστό αιώνα θα συμβούν μεγάλοι πόλεμοι. Επαληθεύτηκε. Προέβλεψε, επίσης, πως ως συνέπεια των πολεμικών περιπετειών θα πραγματοποιηθεί μια παγκοσμιοποίηση με τη συνέργεια και διαφόρων εταιρειών. Και σ' αυτό επαληθεύτηκε. Και, τέλος, προέβλεψε πως στον εικοστό πρώτο αιώνα, στο τέλος του δρόμου της παγκοσμιοποίησης θα στέκει ο Αντίχριστος. Αν αυτό ακούγεται δυσοίωνο, είναι γιατί πράγματι είναι δυσοίωνο.

Μια Μικρή Ιστορία για τον Αντίχριστο – V. SOLOVIEV
Εισαγωγή-μετάφραση-σχόλια Βασιλείου Ταμιωλάκη

7) Τα δογματικά και εσχατολογικά σφάλματα του έργου

Ήδη αναφέραμε πως η *Μικρή Ιστορία για τον Αντίχριστο* παρουσιάζει κάποια εσχατολογικά σφάλματα. Τα σημαντικότερα από αυτά είναι:
1) Στο έργο του Soloviev, ο Αντίχριστος δεν είναι Ιουδαίος, δεν είναι καν περιτετμημένος. Όμως, σύμφωνα με την Ορθόδοξη Παράδοση, ο Αντίχριστος θα είναι Ιουδαίος απ' τη φυλή του Δαν[35].
2) Ο Soloviev χαρακτηρίζει την ιδέα της δημιουργίας του κόσμου εκ του μηδενός ως παιδαριώδη. Ωστόσο, αυτή η ιδέα είναι βασικό στοιχείο της ορθόδοξης δογματικής διδασκαλίας, ενώ επιβεβαιώνεται και από τη σύγχρονη φυσική. Η θεωρία της Μεγάλης Έκρηξης (Big Bang) θεωρείται από πολλούς σαν μια επιστημονική ανακάλυψη της εκ του μηδενός δημιουργίας, υπέρ της οποίας, ακαταμάχητα πια, συνηγορούν οι επιστημονικές παρατηρήσεις. Δεν είναι τυχαίο πως πολλοί ακόμη και από τους μη θρησκευόμενους επιστήμονες, χρησιμοποιούν για τη στιγμή της μεγάλης έκρηξης (BIG BANG) τον όρο « Genesis »[36].
3) Ο τρόπος με τον οποίο ο Soloviev παρουσιάζει τους « μάρτυρες » της Αποκάλυψης[37] είναι εσφαλμένος. Σύμφωνα με την Αγία Γραφή και την Ιερά Παράδοση, την εποχή του Αντιχρίστου θα δράσουν δύο « μάρτυρες ». Αυτοί οι δύο « μάρτυρες » θα είναι ο Προφήτης Ηλίας και ο δίκαιος Ενώχ, ενώ από κάποιους Πατέρες της Εκκλησίας αναφέρεται το ενδεχόμενο να δράσει μαζί τους και ο Ευαγγελιστής Ιωάννης ο Θεολόγος. Αυτοί οι « μάρτυρες » θα ελέγξουν τον Αντίχριστο με δριμύτητα και θα πλήξουν τη βασιλεία του με πολλά και μεγάλα θαύματα τιμωρητικού χαρακτήρα, μπροστά στα οποία

---

[35] Βλ. Βασιλείου Ταμιωλάκη, ο.π., σελ. 342-6.
[36] Βλ. στο έξοχο έργο του Dinesh D' Souza, *What's so great about Christianity*, Regnery Publishing, Washington DC 2007, σελ. 90-98.
[37] Πρβλ. το ενδέκατο κεφάλαιο της *Αποκάλυψης* του Ιωάννου. Βλ. και Βασιλείου Ταμιωλάκη, *Η Διδασκαλία των Πατέρων της Εκκλησίας για τον Αντίχριστο*, ο.π., σελ. 397-452.

Εισαγωγή

ο Αντίχριστος για ένα μεγάλο χρονικό διάστημα θα είναι ανίσχυρος. Μετά τη θανάτωσή τους από το θηρίο, οι δύο μάρτυρες θα αναστηθούν ενώπιον των φονέων τους και θα αναληφθούν με δόξα στους ουρανούς. Στο έργο του Soloviev τα πράγματα περιγράφονται διαφορετικά. Ο ένας από τους δύο « μάρτυρες » είναι ο ρωμαιοκαθολικός Πάπας, και ο άλλος είναι ο ηγέτης των Ορθοδόξων, ο επίσκοπος Ιωάννης. Δίπλα σ' αυτούς αναφέρεται ένας προτεστάντης, ο καθηγητής Pauli. Δηλαδή οι δύο από τους τρεις μάρτυρες που αναφέρονται είναι αιρετικοί. Κανένα θαύμα δεν επιτελούν οι τρεις προφήτες. Οι δύο από αυτούς, μόλις ομολογήσουν την αλήθεια, θανατώνονται. Τέλος, ο Soloviev παρουσιάζει την ανάσταση των δύο μαρτύρων να γίνεται στην έρημο, όπου οι Χριστιανοί έχουν μεταφέρει τα νεκρά σώματά τους. Επομένως, η περιγραφή του Soloviev όσον αφορά τα γεγονότα γύρω από τη δράση των « μαρτύρων » της Αποκάλυψης είναι σε ένα πολύ μεγάλο ποσοστό εσφαλμένη. Θα πρέπει, μάλιστα, να σημειώσουμε πως σ' αυτό το σημείο τα διάφορα μεσαιωνικά θεατρικά έργα για το τέλος του κόσμου είναι πιο ακριβή, αφού παρουσιάζουν τον προφήτη Ηλία και τον Δίκαιο Ενώχ ως τους δύο μάρτυρες της Αποκάλυψης, των οποίων τη δράση περιγράφουν με συνέπεια προς την Ιερά Παράδοση.

Και εδώ γεννάται το ερώτημα: Γιατί ο Soloviev παρεκκλίνει από την εκκλησιαστική εσχατολογική διδασκαλία σ' αυτό το σημείο; Την απάντηση δίνει ο ίδιος ο Soloviev στον πρόλογο του έργου του, όπου σημειώνει πως οι τρεις άνδρες, που αναφέρει στο έργο του, είναι προσωποποιήσεις των τριών κύριων χριστιανικών ομολογιών, της Ορθοδοξίας, του ρωμαιοκαθολικισμού και του προτεσταντισμού, και πως, για να κατανοήσει κανείς τα όσα γράφει σχετικά, πρέπει να γνωρίζει την εκκλησιαστική ιστορία. Τελικά, ο λόγος αυτής της παρέκκλισης από την ιερά Παράδοση αναφορικά με το ζήτημα των δύο προφητών, είναι πως ο Soloviev ήθελε να εκφράσει κάποιες απόψεις του για τις τρεις κύριες χριστιανικές ομολογίες, και, ειδικότερα, για την στάση τους έναντι του Αντιχρίστου στο τέλος των καιρών, αλλά και για τον διαφορετικό τρόπο επίθεσης που επιλέγει ο σατανάς εναντίον κάθε μιας από αυτές.

Θα πρέπει να σημειώσουμε πως τα όσα γράφει ο ρώσος φιλόσοφος παρουσιάζουν εξαιρετικό ενδιαφέρον. Αναφερθήκαμε ήδη στην εξαιρετική διάγνωση του πειρασμού των τριών χριστιανικών ομολογιών. Και, βέβαια, δύσκολα θα διαφωνούσε κάποιος με την πρόβλεψη του Soloviev, πως θα υπάρξουν πιστοί άνθρωποι και στον ρωμαιοκαθολικισμό και στον προτεσταντισμό, που θα αντισταθούν στον Αντίχριστο και θα προτρέψουν τους Χριστιανούς να τον αποκηρύξουν και να τον καταδικάσουν. Μιλάμε για τον ανθό αυτών των χριστιανικών ομολογιών, τα πιο υγιά στοιχεία τους. Δεν θα είναι, όμως, οι δύο « μάρτυρες » της Αποκάλυψης, και αυτό πρέπει να το τονίσουμε.

4) Προβληματικός είναι και ο τρόπος με τον οποίο παρουσιάζεται στο έργο του Soloviev η στάση των Χριστιανών απέναντι στον Αντίχριστο. Ο Soloviev παρουσιάζει τους ορθόδοξους Χριστιανούς να ακολουθούν τον Αντίχριστο σε ίδια ποσοστά με τους ρωμαιοκαθολικούς και τους προτεστάντες. Όμως, αυτή η θέση είναι εσφαλμένη.

Στην Ορθόδοξη Εκκλησία, η Θεία Χάρις αλλά και η προσήλωση στην Ιερά Παράδοση θα διαφυλάξει σε μεγάλο βαθμό τους Χριστιανούς από τον Αντίχριστο. Αντίθετα, στον προτεσταντισμό η ελεύθερη ερμηνεία των Ιερών Γραφών έχει, ήδη, οδηγήσει σε πληθώρα εσχατολογικών σφαλμάτων, τα οποία θα οδηγήσουν πολλούς προτεστάντες στην αποδοχή του Αντιχρίστου. Δεν είναι τυχαίο πως σημαντική μερίδα του προτεσταντικού θεολογικού κόσμου θεωρεί μύθο την αγιογραφική και πατερική διδασκαλία περί Αντιχρίστου. Ουσιαστικά, δεν περιμένει Αντίχριστο. Και, πνευματικά, έχει προσεγγίσει τον Αντίχριστο με τη διδασκαλία ποικίλων αντιχρίστων θεολογιών. Η άρνηση της θεότητας του Χριστού, η αποδοχή της ομοφυλοφιλίας και της ποικίλης ηθικής διαφθοράς, όλα αυτά είναι προετοιμασία της αποδοχής του Αντιχρίστου.

Από την άλλη πλευρά, στον παπισμό, η απολυτοποίηση του προσώπου του Πάπα, με τη διδασκαλία του αλαθήτου, καθιστά εύκολη την εξαπάτηση του ρωμαιοκαθολικού

Εισαγωγή

κόσμου, αφού μια εσφαλμένη τοποθέτηση του Πάπα θα μπορούσε να συμπαρασύρει σχεδόν ολόκληρη τη ρωμαιοκαθολική εκκλησία. Γι' αυτό, άλλωστε, και είναι τόσο έντονη η προσπάθεια των σκοτεινών δυνάμεων να διεισδύσουν στο Βατικανό. Ο συγκεντρωτικός τρόπος λειτουργίας της ρωμαιοκαθολικής εκκλησίας, όπου ένας Πάπας, πλαισιωμένος από μια κούρια της επιλογής του, διοικεί μια ολόκληρη εκκλησία, καθιστά το Βατικανό πρωταρχικό στόχο για όποιον θέλει να ασκεί επιρροή στη διεθνή πολιτική και όχι μόνο σκηνή. Και θα πρέπει να σημειώσουμε πως η προσπάθεια των σατανικών δυνάμεων να διεισδύσουν στο Βατικανό, δυστυχώς, δεν μένει χωρίς αποτέλεσμα. Ακόμη και ρωμαιοκαθολικοί παράγοντες το αναγνωρίζουν αυτό[38]. Ταυτόχρονα, αντίχριστες αναθεωρητικές θεολογίες, ή ακόμη και νεοεποχίτικες και αποκρυφιστικές φιλοσοφίες και ιδέες έχουν παρεισφρήσει σε ρωμαιοκαθολικά κολέγια, ενώ μέλη της ρωμαιοκαθολικής εκκλησίας που ασχολούνται με τον πνευματισμό αναγνωρίζονται από αυτήν ως εκλεκτά μέλη της.

5) Στο έργο του Soloviev, η καταστροφή του Αντιχρίστου ακολουθείται από μια χιλιετή βασιλεία των δικαίων. Αυτή την άποψη είχε και ο φίλος του Soloviev, ο Dostoevski. Όμως,

---

[38] Η σχετική συζήτηση εντάθηκε μετά την αναφορά του Πάπα Παύλου του έκτου στον « καπνό του Σατανά που έχει παρεισφρήσει στην εκκλησία », σε ομιλία του στις 29 Ιουνίου του 1972. Η συζήτηση συνεχίζεται μέχρι σήμερα. Βλ. π.χ. Malachi Martin, *The Keys of This Blood, Pope John Paul II versus Russia and the West for Control of the New World Order*, TouchStone, New York 1990, p. 632. Ο Malachi Martin υπήρξε ένας " insider " του Βατικανού. Έχει αναφερθεί στο φαινόμενο της σατανικής διείσδυσης στο Βατικανό σε διάφορα έργα και συνεντεύξεις του. Ενδιαφέρουσα είναι και η αναφορά του Gabriele Amorth, επίσημου εξορκιστή του Βατικανού, με περισσότερους από 50.000 εξορκισμούς στο ενεργητικό του. Ο Amorth γράφει πως μέλη σατανιστικών οργανώσεων υπάρχουν ακόμη και στο Βατικανό, ιερείς αλλά και καρδινάλιοι (Father Amorth, interviewed by Marco Tossati, *Memoirs of an exorcist, My Life Fighting Satan*, translated by Andrew Hiltzik, Piemme, p. 59). Εξαιρετικά ενδιαφέρον είναι και το έργο του David Yallop, *In God's name, An Investigation into the Murder of Pope John Paul I*, Poetic Productions, London 1984, που αναφέρεται στη σχέση μελών του Βατικανού με τη Μασονία.

σύμφωνα με την Ορθόδοξη Παράδοση, καμία χιλιετία δεν θα ακολουθήσει την καταστροφή του Αντιχρίστου[39].

6) Η εσφαλμένη εκκλησιολογία του Soloviev, απ' την οποία, εν μέρει, πηγάζει και η εσφαλμένη θεώρησή του σχετικά με τη δράση των « μαρτύρων » της Αποκάλυψης. Στην εκκλησιολογία του Soloviev θα αναφερθούμε στην επόμενη ενότητα.

8) *Soloviev και οικουμενισμός. Η υποστήριξη του οικουμενισμού απ' τον Soloviev στην αρχή του έργου του, και η στροφή του ρώσου φιλοσόφου στο τέλος της ζωής του με την Μικρή Ιστορία για τον Αντίχριστο*

Ο Soloviev με την *Μικρή Ιστορία για τον Αντίχριστο* πραγματοποιεί μια εντυπωσιακή αλλαγή πορείας. Απομακρύνεται από καινοφανείς, αναθεωρητικές και ριζοσπαστικές τοποθετήσεις του πρώιμου έργου του και εμφανίζεται πιο παραδοσιακός. Πιο συγκεκριμένα, ο ρώσος φιλόσοφος αλλάζει την στάση του απέναντι α) στον ρωμαιοκαθολικισμό, β) τον οικουμενισμό και γ) την χριστιανική πολιτική.

Η στροφή του Soloviev είναι εντυπωσιακή. Στο παρελθόν ο ρώσος φιλόσοφος είχε προτείνει ένα θεωρητικό σχήμα, που διαπνεόταν από αισιοδοξία και είχε τρεις βασικούς άξονες. Άνοιγμα προς τον ρωμαιοκαθολικισμό, χαλαρή και ελαστική εκκλησιολογία (με προοπτική την ένωση ανατολικού και δυτικού χριστιανισμού), και χριστιανική πολιτική δράση (που θα ανέτρεπε το αθεϊστικό πολιτικό και πολιτιστικό ευρωπαϊκό κατεστημένο). Και στα τρία αυτά βασικά σημεία της φιλοσοφίας του ο Ρώσος φιλόσοφος διαφοροποιείται αισθητά στη *Μικρή Ιστορία για τον*

---

[39] Βλ. Βασιλείου Ταμιωλάκη, *Η Διδασκαλία των Πατέρων της Εκκλησίας για τον Αντίχριστο*, Θεσσαλονίκη 2012, σελ. 571-576.

Εισαγωγή

Αντίχριστο. Σ' αυτό του το έργο η υπερβολική αισιοδοξία έχει παραχωρήσει τη θέση της σε μια μάλλον απαισιόδοξη διάθεση. Ας δούμε, όμως, πιο αναλυτικά την πορεία του Soloviev.

Κατ' αρχήν, πρέπει να σημειώσουμε πως ο ρώσος φιλόσοφος πρότεινε το θεωρητικό σχήμα που προαναφέραμε, συμμετέχοντας σε μια όχι αποκλειστικά θεολογική συζήτηση αλλά σε έναν ευρύτερο διάλογο που είχε ως θέμα τη γενικότερη γεωπολιτική και πολιτιστική θέση της Ρωσίας στον κόσμο και, κυρίως, τη σχέση της με την Δύση, σε συνάρτηση και με το ανατολικό ζήτημα. Σ' αυτόν τον διάλογο συμμετείχαν σημαίνουσες προσωπικότητες της ρωσικής ιντελιγκέντσιας, όπως ο Danilevsky και ο Leontief[40], αλλά και οι Aksakov, Istomin και Kireev. Διατυπώθηκαν διάφορες απόψεις. Διανοούμενοι όπως ο Leontief έμειναν πιστοί στη θεωρία της τρίτης Ρώμης. Άλλοι, όπως ο Danilevsky, πρότειναν την αναβίωση της δεύτερης, της Νέας Ρώμης, της Κωνσταντινούπολης, με κυρίαρχο, όμως, το σλαβικό στοιχείο και έθεσαν ως στόχο την επικράτηση του σλαβικού ορθόδοξου χριστιανικού πολιτισμού επί του ευρωπαϊκού νεογερμανικού πολιτισμού. Ο Soloviev πρότεινε ένα υπερβολικά αισιόδοξο σχήμα με κέντρο την πρώτη, την παλαιά Ρώμη, ως έκφραση του οικουμενικού Χριστιανισμού. Το σχήμα του Soloviev περιελάμβανε αποκατάσταση της ενότητας μεταξύ του δυτικού και του ανατολικού Χριστιανισμού και προσέδιδε στον Πάπα έναν ηγετικό ρόλο. Έτσι, ο Soloviev, παρά το ότι σε άλλες περιπτώσεις είχε υιοθετήσει μια αντιδυτική στάση, σ' αυτόν τον διάλογο διετύπωσε μια εξαιρετικά *φιλοδυτική θέση, που πρέπει, όμως, να κατανοηθεί στα πλαίσια του οράματός του για την ένωση του οικουμενικού χριστιανισμού και την κυριάρχησή του επί του εκκοσμικευμένου, υλιστικού και αθεϊστικού νέου ευρωπαϊκού πολιτισμού.*

Το όραμα του Soloviev ήταν μια χριστιανική πολιτική εξουσία, ανάλογη αυτής του Μεγάλου Κωνσταντίνου. Ο

---

[40] Βλ. και Σταματοπούλου Δημητρίου, «Οριενταλισμός και Αυτοκρατορία», στο έργο *Οριενταλισμός στα όρια: από τα οθωμανικά Βαλκάνια στη σύγχρονη Μέση Ανατολή*, Εκδόσεις Κριτική, Αθήνα 2008, σελ. 241-267.

Μια Μικρή Ιστορία για τον Αντίχριστο – V. SOLOVIEV
Εισαγωγή-μετάφραση-σχόλια Βασιλείου Ταμιωλάκη

Χριστιανισμός θα έπρεπε να ενωθεί και να λάμψει εκ νέου με επίκεντρο την παλαιά Ρώμη και εκφραστές του τον Τσάρο της Ρωσίας και τον Πάπα της Ρώμης. Αυτή ήταν η επιδίωξη του Soloviev. Η επιστροφή σύσσωμου του χριστιανικού κόσμου στις κοινές χριστιανικές ρίζες του. Στα πλαίσια αυτού του οράματος διετύπωσε ο ρώσος φιλόσοφος τις οικουμενιστικές του απόψεις, παίρνοντας μέρος σ' έναν ευρύτερο διάλογο, που είχε περισσότερο πολιτικό-πολιτιστικό και λιγότερο δογματικό-εκκλησιολογικό χαρακτήρα.

Ανάμεσα στα διάφορα θέματα που συζητήθηκαν ήταν και το θέμα της ενότητας της εκκλησίας. Ο Soloviev αντάλλαξε απόψεις με θεολόγους και διανοούμενους της εποχής του, όπως οι Pobedonostsev, Istomin, Kireev και άλλοι. Οι θέσεις που υποστήριξε ο Soloviev είναι θεολογικά απαράδεκτες. Υποστήριξε πως η οικουμενική εκκλησία υπήρχε τόσο στην Ανατολή όσο και στη Δύση και πως τόσο οι ορθόδοξοι όσο και οι καθολικοί ανήκαν στην Εκκλησία[41]. Κατά τον Soloviev, οι εκκλησίες θα έπρεπε να δείξουν κατανόηση η μια για τις διδασκαλίες της άλλης και η αμοιβαία αποδοχή θα έπρεπε να αντικαταστήσει την αμοιβαία απόρριψη.

Σκληρή κριτική στον Soloviev άσκησε ο Kireev, που απάντησε πως οι απόψεις του Soloviev ήταν αφελείς και στηρίζονταν σε μια διαστρεβλωμένη και μονόπλευρη θεώρησή του για τον ρωμαιοκαθολικισμό, τον οποίο έβλεπε όπως θα έπρεπε να είναι και όπως κάποτε υπήρξε, αλλά όχι όπως ήταν στην πραγματικότητα την εποχή που συζητούσαν. Κατά τον

---

[41] Ο Soloviev ασχολήθηκε περισσότερο με τον ρωμαιοκαθολικισμό. Αξίζει, πάντως, να σημειωθεί πως η στάση του ρώσου φιλοσόφου προς τον προτεσταντισμό ακολουθεί αντίστροφη πορεία προς αυτήν απέναντι στον ρωμαιοκαθολικισμό. Αρχικά, είναι από μάλλον αδιάφορη έως αρνητική, ενώ στη *Μικρή Ιστορία για τον Αντίχριστο* ο Soloviev υιοθετεί απέναντί του μια πιο θετική στάση. Βλ. σχετικά και Adrian Helleman, « Solov'ev' s views on Protestantism», στο *Eastern Christian Studies, 2, Vladimir Solov'ev: Reconciler and Polemicist*, edited by Wil Van Der Bercken, Manon De Courten, and Evert Van Der Zweerde, Leuven 2000, σελ. 95-105. Το συγκεκριμένο τεύχος περιέχει τα Πρακτικά του Διεθνούς Συνεδρίου για τον Soloviev που έλαβε χώρα στο Nijmegen το 1998.

Εισαγωγή

Kireev, οι ορθόδοξοι δεν μπορούσαν να κάνουν τίποτε άλλο για την ένωση, εκτός από το να πείσουν τους ρωμαιοκαθολικούς πως έχουν υποπέσει σε αιρέσεις και πως πρέπει να επιστρέψουν στη μόνη πραγματική Εκκλησία, την Ορθόδοξη Εκκλησία. Κατά τον Kireev, ο Soloviev με τη στάση του απλά υπονόμευε το κύρος του και έθαβε το ταλέντο του χωρίς λόγο[42].

Πολλοί από τους επικριτές του Soloviev τον κατηγόρησαν για μονόπλευρη κριτική στην Ορθόδοξη Εκκλησία και, αντίστοιχα, μονόπλευρη υπεράσπιση του ρωμαιοκαθολικισμού. Και δεν έσφαλλαν στην κριτική τους. Πράγματι, όπως εύστοχα έχει επισημανθεί, ο Soloviev στη συγκεκριμένη συζήτηση επέλεξε για τον εαυτό του τον ρόλο του δικηγόρου του διαβόλου, και υπηρέτησε αυτό τον ρόλο με υπερβάλλοντα ζήλο[43].

Ο Soloviev σωστά είχε επισημάνει την ανάγκη συνεργασίας μεταξύ των διαφόρων χριστιανικών ομολογιών, δεδομένης, μάλιστα, και της επίθεσης του κινήματος του αντιχριστιανισμού ενάντια, συνολικά, στον χριστιανικό κόσμο. Ωστόσο, ο ρώσος φιλόσοφος διέπραξε το σφάλμα να μιλήσει γι' αυτά τα θέματα με εκκλησιολογικούς όρους, προσπάθησε να θεμελιώσει αυτή την ανάγκη συνεργασίας σε δογματική και εκκλησιολογική βάση, κάτι που δεν προκύπτει από πουθενά. Προσπάθησε να προσαρμόσει το δόγμα και την εκκλησιολογία στην ανάγκη και επιθυμία για ενότητα. Έτσι, αδίκησε τον εαυτό του αλλά και προξένησε πρόβλημα στη Μία Εκκλησία του Χριστού, αφού οι απόψεις του χρησιμοποιήθηκαν από μεταγενέστερους θεολόγους για την προώθηση ενός άκριτου και άκρατου θρησκευτικού συγκρητισμού, τον οποίο ο ίδιος ποτέ δεν θα υποστήριζε. Ίσως, ακόμη και να ζημίωσε, άθελά του, την όποια προσπάθεια συνεργασίας μεταξύ των χριστιανικών ομολογιών, αφού είναι γνωστό πως μια λάθος προσέγγιση, συνήθως, δημιουργεί αντιδράσεις και έχει ως τελικό αποτέλεσμα περαιτέρω απομάκρυνση.

---

[42] Βλ. Pauline Wilhelmine Schrooyen, *Vladimir Soloviev in the Rising Public Sphere*, ο.π., σελ. 100 και 108.
[43] Βλ. Pauline Wilhelmine Schrooyen, *Vladimir Soloviev in the Rising Public Sphere*, ο.π., σελ. 95.

Μια Μικρή Ιστορία για τον Αντίχριστο - V. SOLOVIEV
Εισαγωγή-μετάφραση-σχόλια Βασιλείου Ταμιωλάκη

Ωστόσο, όπως ήδη αναφέραμε, ο Soloviev προς το τέλος της ζωής του προσπάθησε να αποστασιοποιηθεί από εσφαλμένες απόψεις που είχε εκφράσει στο παρελθόν. Το 1897 σε επιστολή του προς μια εφημερίδα επεσήμανε πως ποτέ δεν είχε προτείνει οποιαδήποτε εξωτερική επίσημη ένωση με την Ρώμη[44]. Σε κάθε ευκαιρία διακήρυττε πως είναι μέλος της Ορθόδοξης Εκκλησίας. Και, τέλος, στην επιθανάτια κλίνη του, ο Soloviev εξομολογήθηκε στον ορθόδοξο ιερέα Sergei Belyaev, δηλώνοντας και τη μετάνοιά του για εσφαλμένες δογματικές τοποθετήσεις και αφελή οικουμενιστικά εγχειρήματα του παρελθόντος[45]. Αυτή η αλλαγή στάσης του Soloviev προς τας δυσμάς του βίου του φαίνεται και στη *Μικρή Ιστορία για τον Αντίχριστο*.

Ο ώριμος και κατασταλαγμένος Soloviev της *Μικρής Ιστορίας για τον Αντίχριστο* διαφέρει αισθητά απ' τον

---

[44] Βλ. Pauline Wilhelmine Schrooyen, *Vladimir Soloviev in the Rising Public Sphere*, ο.π., σελ. 110.

[45] Στις 2 Νοεμβρίου 1910 δημοσιεύτηκε στην εφημερίδα Moskovskiya Vedomosti η μαρτυρία του ιερέα Sergei Belyaev, που εξομολόγησε τον Soloviev στην επιθανάτια κλίνη του. Ο ιερέας Belyaev αισθάνθηκε την ανάγκη να καταθέσει την μαρτυρία του λόγω της δημόσιας συζήτησης σχετικά με τις δογματικές πεποιθήσεις του Soloviev. Ο Belyaev αναφέρει πως ο Soloviev του είπε πως είχε περίπου τρία χρόνια να εξομολογηθεί, λόγω μιας διαφωνίας που είχε με τον ιερέα που τον είχε εξομολογήσει τελευταία φορά, σχετικά με ένα δογματικό θέμα. «Ο ιερέας είχε δίκιο και διαφώνησα μ' αυτόν μόνο από υπερηφάνεια και επιθυμία να υποστηρίξω τη θέση μου. Αργότερα, ανταλλάξαμε κάποιες επιστολές πάνω σ' αυτό το θέμα, αλλά δεν υποχώρησα, αν και γνώριζα πολύ καλά πως έσφαλλα. Τώρα, έχω πλήρη επίγνωση του σφάλματός μου και μετανοώ ειλικρινά γι' αυτό», εξομολογήθηκε στον Belyaev ο ρώσος φιλόσοφος (στο έργο του Frank, *A Solovyov Anthology*, ο.π., σελ. 249). Ο ιερέας που είχε εξομολογήσει τον Soloviev το 1897 ήταν ο πρώην καθηγητής του στη Θεολογική Ακαδημία της Μόσχας Alexander Mikhailovich Ivantsov Platonov, και το δογματικό θέμα για το οποίο είχαν διαφωνήσει ήταν η αντίληψη του Soloviev πως τόσο η Ορθόδοξη Εκκλησία όσο και ο ρωμαιοκαθολικισμός αποτελούσαν την οικουμενική Εκκλησία (βλ. Egbert Munzer, « Solovyev and the Meaning of History », *The Reviw of Politics*, Vol. 11, No 3 (Jul. 1949, σελ. 281). Η μετάνοια του Soloviev για τις οικουμενιστικές θέσεις που είχε διατυπώσει στο παρελθόν είναι ένα πολύ καλό παράδειγμα και ένας φωτεινός οδοδείκτης για όσους υποστηρίζουν παρόμοιες απόψεις σήμερα.

Εισαγωγή

ενθουσιώδη και υπεραισιόδοξο Soloviev, που στο πρώιμο έργο του είχε μιλήσει εγκωμιαστικά για τον ρωμαιοκαθολικισμό και είχε εκφράσει την επιθυμία του για ένωση της ρωσικής Ορθόδοξης Εκκλησίας μ' αυτόν. Στη *Μικρή Ιστορία για τον Αντίχριστο* η Ορθόδοξη Ρωσία δεν έχει προσδεθεί στο άρμα του ρωμαιοκαθολικισμού. Η ηγεσία του παπισμού έχει δεσμευθεί πως θα σταματήσει κάθε προσηλυτιστική δράση. Και ο συνεργάτης του Αντιχρίστου Ψευδοπροφήτης Απολλώνιος είναι ρωμαιοκαθολικός καρδινάλιος και, αργότερα, γίνεται Πάπας[46]. Επομένως, ο Soloviev θεωρούσε εξαιρετικά πιθανή την εξαπάτηση του ρωμαιοκαθολικισμού απ' το θηρίο της Αποκαλύψεως. Και, οπωσδήποτε, δεν είναι τυχαίο το ότι η εμμονή στον θεσμικό ρόλο του Πάπα παρουσιάζεται απ' τον Soloviev ως δόλωμα του Αντιχρίστου και ως ο κύριος πειρασμός του ρωμαιοκαθολικισμού.

Παρόμοια απομάκρυνση του ώριμου Soloviev από προηγούμενες θέσεις του διαπιστώνεται και όσον αφορά το ζήτημα της εκκλησιολογίας και της ένωσης των εκκλησιών. Στη *Μικρή Ιστορία για τον Αντίχριστο*, όταν έρχεται ο Αντίχριστος, τα τρία βασικά χριστιανικά δόγματα είναι χωρισμένα. Καλούνται εκπρόσωποι και από τα τρία δόγματα σε μια Σύνοδο, που φαίνεται να έχει περισσότερο πολιτικό και λιγότερο θρησκευτικό χαρακτήρα. Είναι χαρακτηριστικό πως πριν τη Σύνοδο, οι εκπρόσωποι των τριών δογμάτων λειτουργούνται χωριστά, οι ορθόδοξοι σε ορθόδοξο ναό, οι προτεστάντες σε προτεσταντικό ναό, και οι ρωμαιοκαθολικοί σε ρωμαιοκαθολικό ναό. Η σύγκληση της Συνόδου γίνεται από τον υπέρτατο πολιτικό άρχοντα της οικουμένης, τον Αντίχριστο.

Στη Σύνοδο ο Αντίχριστος επιχειρεί να ενώσει και τα τρία χριστιανικά δόγματα υπό την εξουσία του. Επιχειρεί μια ένωση εν τη πλάνη του. Η πλειοψηφία των χριστιανών εκπροσώπων τον ακολουθεί. Όμως, λίγοι εκλεκτοί ορθόδοξοι, ρωμαιοκαθολικοί και προτεστάντες Χριστιανοί συγκροτούν

---

[46] Η σύνδεση ή ακόμη και η ταύτιση του Αντιχρίστου με τον Πάπα υποστηρίχτηκε, κυρίως από προτεστάντες, αλλά και από κάποιους ρωμαιοκαθολικούς, όπως ο Ιωακείμ Ντε Φιόρε, που είχε γράψει πως ο Αντίχριστος θα στεφθεί ο ίδιος Πάπας.

Μια Μικρή Ιστορία για τον Αντίχριστο – V. SOLOVIEV
Εισαγωγή-μετάφραση-σχόλια Βασιλείου Ταμιωλάκη

μια ομάδα που ανθίσταται σθεναρά στον Αντίχριστο. Έτσι, πολλοί ορθόδοξοι Χριστιανοί αποδέχονται τον Αντίχριστο και τον ακολουθούν, ενώ, ταυτόχρονα, κάποιοι ελάχιστοι ρωμαιοκαθολικοί και προτεστάντες τον αποκηρύττουν και τον αναθεματίζουν. Ο Soloviev παρουσιάζει Χριστιανούς και των τριών ομολογιών να εκδίδουν κοινή απόφαση, με την οποία αναθεματίζουν τον Αντίχριστο. Οπότε, στην ένωση των Χριστιανών στη βάση της αποδοχής του Αντιχρίστου αντιπαρατίθεται η ένωση των Χριστιανών στη βάση της αποκήρυξης του Αντιχρίστου. Όμως ο Soloviev δεν παρουσιάζει αυτή την κοινή διακήρυξη σαν ένωση. Πρόκειται μάλλον για κοινό ανακοινωθέν, όχι για ένωση. Βέβαια, χαρακτηρίζεται πόρισμα της τελευταίας οικουμενικής Συνόδου των Χριστιανών, ωστόσο, αυτή η σύνοδος, όπως ήδη αναφέραμε, δεν φέρεται να έχει εκκλησιαστικό αλλά μάλλον πολιτικό χαρακτήρα. Πριν την έναρξή της οι Χριστιανοί των τριών δογμάτων εκκλησιάζονται χωριστά και δεν συμμετέχουν σε κάποια κοινή λατρευτική τελετή. Άλλωστε, ο ίδιος ο Soloviev παρουσιάζει την ένωση των εκκλησιών να γίνεται αργότερα, στην έρημο.

Ο τρόπος με τον οποίο παρουσιάζεται αυτή η ένωση στην έρημο είναι, εκκλησιολογικά, προβληματικός, δεν παρουσιάζεται ως μετάνοια των ρωμαιοκαθολικών και των προτεσταντών από τις πλάνες τους, και ένταξή τους στη Μία Εκκλησία, όπως θα έπρεπε. Ωστόσο, δεν πρέπει να λησμονούμε πως ο Soloviev στο κείμενό του περιγράφει με συντομία γεγονότα που θα εξελιχθούν σ' ένα όχι πολύ σύντομο χρονικό διάστημα και δεν επιμένει σε λεπτομέρειες. Και πρόκειται, όπως είπαμε, για λογοτεχνικό κείμενο, στο οποίο ο συγγραφέας δεν επιδιώκει δογματική ακρίβεια, και δίνει έμφαση στα σημεία που τον ενδιαφέρουν περισσότερο. Πάντως, το γεγονός πως ο Soloviev παρουσιάζει την ένωση των εκκλησιών να γίνεται στο τέλος της ιστορίας με θεϊκή παρέμβαση δείχνει πως και ο ίδιος δεν ήταν πολύ αισιόδοξος σχετικά με την προοπτική της ένωσης των χριστιανικών δογμάτων μέσα από διαλόγους και ανθρώπινες προσπάθειες.

Εισαγωγή

Ο Soloviev υπήρξε ένας υπερβολικά αισιόδοξος οραματιστής, που έβλεπε παντού αγαθές προθέσεις, όμοιες με τις δικές του. Το ευγενές όραμα και ο ευσεβής πόθος του ήταν η ένωση των Χριστιανών, μια ένωση, για την οποία εύχεται η Εκκλησία μας, δεομένη « ὑπέρ τῆς ἐπιστροφῆς τῶν πεπλανημένων». Βέβαια, ο ρώσος φιλόσοφος υπερέβη τα εσκαμμένα, ιδιαίτερα στην αρχή του έργου του, εκφράζοντας εσφαλμένες και αιρετικές θέσεις πάνω σε αυτό το ζήτημα. Αλλά στο τελευταίο έργο του είναι πολύ πιο προσεκτικός, διορθώνει λάθη του παρελθόντος, και δείχνει πως αυτό που, πάντα, επεδίωκε ήταν μια « ἐν τῇ ἀληθείᾳ » πραγματική ένωση των Χριστιανών, και όχι μια « ἐν τῇ πλάνῃ » επιφανειακή συνύπαρξη.

Οι εσφαλμένες εκκλησιολογικές θέσεις που ο Soloviev είχε διατυπώσει στο παρελθόν, δεν υπάρχουν στο τελευταίο έργο του. Ο ρώσος φιλόσοφος στο κύκνειο άσμα του, τη *Μικρή Ιστορία για τον Αντίχριστο* δείχνει μια απαισιοδοξία για την προσέγγιση των εκκλησιών αλλά και για την πορεία του ρωμαιοκαθολικισμού. Η προσπάθεια για την ένωση των εκκλησιών δεν γίνεται από κάποιον άλλον, παρά απ' τον ίδιο τον διάβολο, τον Αντίχριστο. Πραγματική ένωση των εκκλησιών δεν γίνεται παρά μόνο ελάχιστα πριν την Συντέλεια με θεία παρέμβαση, ενώ ο Ψευδοπροφήτης έχει εκλεγεί Πάπας. Έτσι, ο ώριμος Soloviev φαίνεται να απομακρύνεται από εσφαλμένες τοποθετήσεις του παρελθόντος.

Τελικά, ο Soloviev, που από κάποιους θεωρείται ως ο πατέρας του οικουμενισμού – τουλάχιστον στο χώρο της ορθόδοξης θεολογίας – φαίνεται πως με το τελευταίο του έργο αποστασιοποιήθηκε από αυτόν. Και αυτό πρέπει να μας προβληματίσει. Όσοι τον ακολούθησαν στα πρώτα στάδια της πορείας του, μάλλον θα έπρεπε να τον ακολουθήσουν και στη στροφή που έκανε λίγο πριν τον θάνατό του, και στους τελευταίους του βηματισμούς.

Ο ώριμος Soloviev, λοιπόν, έχει απογοητευτεί από τον Παπισμό και είναι απαισιόδοξος, όσον αφορά την προσπάθεια για προσέγγιση των διαφόρων χριστιανικών ομολογιών. Έχει, όμως, επίσης, απογοητευτεί και από την πορεία της κοινωνίας γενικότερα. Στο παρελθόν είχε οραματιστεί μια θεοκρατική

Μια Μικρή Ιστορία για τον Αντίχριστο – V. SOLOVIEV
Εισαγωγή-μετάφραση-σχόλια Βασιλείου Ταμιωλάκη

χριστιανική βασιλεία με εγγυητές της τον Πάπα Ρώμης και τον Τσάρο της Ρωσίας, μια βασιλεία που θα πραγματοποιούσε το «ἐλθέτω ἡ Βασιλεία Σου ὡς ἐν Οὐρανῷ καὶ ἐπί τῆς γῆς»[47]. Ο ρώσος φιλόσοφος στο τέλος της ζωής του δεν τρέφει τέτοιες αυταπάτες. Έχει απογοητευτεί και, βλέποντας την πορεία της κοινωνίας, δεν προσδοκά βελτίωση των κοινωνικών πραγμάτων αλλά την επιδείνωσή τους και την έλευση του Αντιχρίστου. Απομακρύνεται, έτσι, από τις ενδοκοσμικές και ενθαδικές χιλιαστικές απόψεις που είχε διατυπώσει στο παρελθόν[48]. Η βασιλεία του Θεού δεν πρόκειται να έρθει με ανθρώπινες προσπάθειες. Η ανθρωπότητα έχει διαφθαρεί τόσο, ώστε είναι πια ανίκανη να επιτύχει κάτι τέτοιο. Η χιλιετία των δούλων του Θεού θα έρθει, κατά τον Soloviev, μόνο μετά την κατάργηση του Αντιχρίστου.

Βέβαια, οφείλουμε να επισημάνουμε πως ο Soloviev απομακρύνεται μεν από θέσεις που είχε παλαιότερα υποστηρίξει, αλλά δεν μετακινείται και στο αντίθετο άκρο. Όπως και να το κάνουμε, η *Μικρή Ιστορία για τον Αντίχριστο* αποτελεί οργανική συνέχεια του έργου του, συνιστά την κατάληξη μιας διαδρομής, που είχε συγκεκριμένη κατεύθυνση. Η στροφή του είναι, βέβαια, αισθητή, ακόμη και εντυπωσιακή, δεν είναι, όμως, τέτοια που να τον ωθήσει στο άλλο άκρο. Μάλλον τον τοποθετεί πλησιέστερα προς το κέντρο, προς τη μεσότητα. Έτσι, ο αναγνώστης θα συναντήσει και στη *Μικρή Ιστορία για τον Αντίχριστο*, στοιχεία που χαρακτηρίζουν γενικότερα το έργο του ρώσου φιλοσόφου, θα διαπιστώσει μια φιλική προς τους αιρετικούς και τους Εβραίους διάθεση, θα αναγνωρίσει έναν τόνο χριστιανικής οικουμενικότητας. Όμως,

---

[47] *Μθ*. 6,10.
[48] Η απομάκρυνση του Soloviev από προηγούμενες ιδέες του είχε επισημανθεί και από τον Florovsky, ο οποίος θεωρούσε πως, δυστυχώς, οι Bulgakov και Florensky δεν αξιοποίησαν το τελευταίο μάθημα του Soloviev. Βλ. Florovsky, " Reason and Faith in the Philosophy of Vladimir Soloviev ", *Continuity and Change in Russian and Soviet Thought*, E. J. Simmons, ed. (Cambridge, Ma: Harvard University Press), σελ. 283-297. Βλ. και Baker Matthew, « Theology Reasons-in history: Neo-patristic Synthesis and the Renewal of Theological Rationality », *Θεολογία*, 4, 2010, σελ.104-106.

Εισαγωγή

η οικουμενική θεώρηση του Soloviev, και αυτό πρέπει να το τονίσουμε ιδιαίτερα, όπως διατυπώνεται στο τελευταίο του έργο, δεν έχει καμία σχέση με τον ισοπεδωτικό θρησκευτικό συγκρητισμό του σήμερα.

9) Σύγκριση της οικουμενικής θεώρησης του Soloviev, όπως αυτή εκφράζεται στη Μικρή Ιστορία για τον Αντίχριστο, με τον θρησκευτικό συγκρητισμό του σήμερα

Ο Βλαδίμηρος Soloviev στον τρίτο διάλογο του τελευταίου του έργου, λίγο πριν εισαγάγει την *Μικρή Ιστορία για τον Αντίχριστο*, βάζει στο στόμα του κυρίου Ζ., του χαρακτήρα που εκφράζει τις απόψεις του, τα εξής λόγια: « Υπάρχει επίσης η κακή ειρήνη, η ειρήνη του κόσμου, που πασχίζει να αναμιγνύει ή να συνενώνει εξωτερικά, στοιχεία που εσωτερικά βρίσκονται σε πόλεμο το ένα προς το άλλο »[49]. Μ' αυτά τα λόγια θα μπορούσαν κάλλιστα να αποδοθούν δύο πράγματα. Πρώτον, η δράση του θηρίου της Αποκάλυψης, όπως περιγράφεται στη *Μικρή Ιστορία για τον Αντίχριστο*. Και, δεύτερον, το πνεύμα του θρησκευτικού συγκρητισμού που διαπνέει την πνευματική ατμόσφαιρα της εποχής μας.

Στο κύκνειο άσμα του Soloviev ο Αντίχριστος περιγράφεται ως κάποιος που είναι φιλικός προς όλους, και ανοιχτός σε όλα· κάποιος που κατορθώνει να συμβιβάσει μεταξύ τους και τα πιο αντίθετα πράγματα· Μ' αυτόν τον τρόπο, άλλωστε, επιτυγχάνει και την κοινή αποδοχή. Διότι,

---

[49] Soloviev Vladimir, *War, progress, and the end of history, including a short story of the Antichrist, three discussions*, ο.π., σελ. 133. Ο Soloviev οραματιζόταν μια ένωση των χριστιανικών δογμάτων « ἐν ἀληθείᾳ ». Στη *Μικρή Ιστορία για τον Αντίχριστο* ο οικουμενισμός του Soloviev αντιπαρατίθεται στον οικουμενισμό του Αντιχρίστου, που είναι ένωση « ἐν τῇ πλάνῃ », ένωση κάτω απ' τον Αντίχριστο. Βλ. σχετικά και Valliere Paul, *Modern Russian Theology, Bukharev, Soloviev, Bulgakov*, T & T Clark Ltd, Scotland, 2000, σελ. 217-221.

Μια Μικρή Ιστορία για τον Αντίχριστο – V. SOLOVIEV
Εισαγωγή-μετάφραση-σχόλια Βασιλείου Ταμιωλάκη

όπως επισημαίνει ο ρώσος φιλόσοφος, ο Αντίχριστος πρέπει να είναι σύμφωνος με όλους, για να γίνει αποδεκτός από όλους.

Αντίστοιχα, η σύγχρονη εποχή χαρακτηρίζεται από την προσπάθεια κατάκτησης μιας εξωτερικής ειρήνης, μιας επιφανειακής ένωσης των πιο αντιφατικών πραγμάτων. Η ειρήνη έχει ανακηρυχτεί σε ύψιστη επιδίωξη, στο βωμό της οποίας όλα θυσιάζονται, ακόμη και η αλήθεια, που, ούτως ή άλλως, στη σύγχρονη εποχή έχει απόλυτα σχετικοποιηθεί.

Όλη αυτή η κίνηση της απροϋπόθετης προσέγγισης των θρησκειών, του άκριτου και άκρατου θρησκευτικού συγκρητισμού, που συντελείται στις μέρες μας, είναι κατά ένα μέρος θεμελιωμένη στις θρησκευτικές αντιλήψεις και τον ειρηνισμό του Τολστόι, στον οποίο με σφοδρότητα αντιπαρατέθηκε ο Soloviev. Το κύκνειο άσμα του ρώσου φιλοσόφου, το *Τρεις Διάλογοι* ασχολείται με τον διαχωρισμό του καλού από το κακό, την αντιπαράθεση του καλού προς το κακό, την καταπολέμηση του κακού. Ο Soloviev επισημαίνει πως υπάρχει καλή ειρήνη και κακή ειρήνη. Και, αντίστοιχα, καλός πόλεμος και κακός πόλεμος. Ο διάβολος λατρεύει να αναμιγνύει και να συνενώνει εξωτερικά, πράγματα που, εσωτερικά, βρίσκονται σε αντίθεση μεταξύ τους. Ο θρησκευτικός συγκρητισμός είναι η πιο ύπουλη πλευρά της αποστασίας στο επίπεδο της θρησκείας.

Ο Χριστός φέρνει διαίρεση και έχθρα μεταξύ καλού και κακού. Φέρνει διάκριση μεταξύ αληθείας και ψεύδους. Αντίθετα, ο διάβολος επιζητά την ισοπεδωτική εξομοίωση του κακού προς το καλό, του ψεύδους προς την αλήθεια. Όμως, ένας Χριστιανισμός ανοιχτός σε όλους και σε όλα, ακόμη και στον ίδιο τον διάβολο, τελικά, δεν είναι Χριστιανισμός αλλά αντιχριστιανισμός και απάτη του Αντιχρίστου.

Ο Soloviev δεν επιθυμεί μια εξωτερική, τυπική, μη ουσιαστική ένωση των χριστιανικών δογμάτων. Μάλιστα, μια τέτοια ένωση παρουσιάζεται απ' τον ρώσο φιλόσοφο ως επιδίωξη του Αντιχρίστου. Ο Soloviev οραματίζεται μια πραγματική, μια ουσιαστική ένωση στη βάση της Αλήθειας, που είναι ο Χριστός. Ελπίζει πως μια τέτοια ένωση, τελικά, θα πραγματοποιηθεί, έστω και λίγο πριν την Δευτέρα Παρουσία.

Εισαγωγή

Απαραίτητη προϋπόθεσή της θεωρεί μια ουσιαστική πνευματική προσέγγιση των χριστιανών. Θεωρεί πως ήδη πριν απ' την έλευση του Αντιχρίστου, στους έσχατους χρόνους, θα επισυμβεί μια μείωση στην ποσότητα και βελτίωση στην ποιότητα των Χριστιανών όλων των δογμάτων. Μ' αυτόν τον τρόπο βλέπει μια εσωτερική-πνευματική και όχι επιφανειακή-εξωτερική προσέγγιση των διαφόρων χριστιανικών δογμάτων, ήδη πριν την εμφάνιση του Αντιχρίστου. Μετά την έλευση του Αντιχρίστου, και λίγο πριν την Β΄ Παρουσία, συντελείται, τελικά, με θεία παρέμβαση και η ένωση των χριστιανικών ομολογιών στην έρημο, όπου έχουν καταφύγει οι Χριστιανοί, διωκόμενοι από τον Αντίχριστο.

10) Η αντίθεση μεταξύ παραδοσιακών και ελευθεριαζόντων Χριστιανών και ο Αντίχριστος

Στη *Μικρή Ιστορία για τον Αντίχριστο*, όπως ήδη αναφέραμε, υπάρχει ένας τόνος χριστιανικής οικουμενικότητας, περιγράφεται ένα σχήμα συνύπαρξης και συνεργασίας των διαφόρων χριστιανικών ομολογιών. Πιο συγκεκριμένα, ο Soloviev βλέπει μια συνεργασία των Χριστιανών των διαφόρων δογμάτων στη βάση της αποκήρυξης του Αντιχρίστου. Όταν ο Αντίχριστος καλεί όλους τους Χριστιανούς να τον αναγνωρίσουν ως κύριο και σωτήρα τους, πολλοί ορθόδοξοι Χριστιανοί αποδέχονται τον Αντίχριστο και τον ακολουθούν, ενώ, ταυτόχρονα, κάποιοι ελάχιστοι ρωμαιοκαθολικοί και προτεστάντες τον αποκηρύττουν και τον αναθεματίζουν.

Αυτό φαίνεται σαν ένα σκάνδαλο. Αλλά είναι ένα σκάνδαλο, που, δυστυχώς, θα συμβεί στους έσχατους χρόνους. Και είναι και ένα σκάνδαλο, που, εν μέρει, αν και όχι τόσο εμφανώς, συμβαίνει και σήμερα. Θεολόγοι, που, τυπικά, ανήκουν στην Ορθόδοξη Εκκλησία, αποδέχονται αναθεωρητικά θεολογικά σχήματα, τα οποία εμφορούνται από μια αντίχριστη κοσμοθεωρία, που αρνείται την θεότητα και τα θαύματα του Χριστού. Την ίδια στιγμή, ετερόδοξοι θεολόγοι ανθίστανται σ' αυτή τη νέα αντίχριστη α-θεολογία και επιχειρηματολογούν με επάρκεια εναντίον της. Πολύ εύστοχα, αναφέρθηκε σ' αυτή την πραγματικότητα ο Μητροπολίτης Ιλαρίων του Βολοκολάμσκ σε μια ομιλία του στο Nicean Club το 2010. Ο ρώσος Μητροπολίτης μίλησε για τον υπό όρους διαχωρισμό των Χριστιανών όλων των ομολογιών σε δύο μεγαλύτερες ομάδες, τους παραδοσιακούς και τους ελευθεριάζοντες ή λιμπεραλιστές[50]. Και τόνισε πως, « η άβυσσος που υπάρχει σήμερα, χωρίζει όχι τόσο τους Ορθόδοξους απ' τους Καθολικούς ή τους Καθολικούς απ' τους Προτεστάντες, όσο τους παραδοσιακούς από τους ελευθεριάζοντες ». Στα σύγχρονα φόρα, αυτή η διαφωνία μεταξύ παραδοσιακών και ελευθεριαζόντων χριστιανών φαίνεται πιο έντονα σε θέματα, όπως η αναγνώριση του γάμου των ομοφυλοφίλων, η νομιμοποίηση των εκτρώσεων, της ευθανασίας κ.τ.ο.[51]. Ωστόσο, αυτή η διαφωνία συχνά επεκτείνεται και σε δογματικά ζητήματα, αφού ελευθεριάζοντες χριστιανοί όλων των χριστιανικών δογμάτων αμφισβητούν άλλοτε ανοιχτά και άλλοτε με πιο συγκεκαλυμμένο τρόπο χριστιανικά δόγματα όπως είναι η θεοπνευστία της Αγίας Γραφής ή ακόμη και η θεότητα του Χριστού.

---

[50] Ο όρος « ελευθεριάζων » αποδίδει με μεγαλύτερη επιτυχία στα ελληνικά τον αγγλικό όρο « liberalist », απ' ότι ο όρος « φιλελεύθερος ». Βέβαια, η λέξη « ελευθεριάζων », συνήθως, χρησιμοποιείται με ηθική έννοια, ωστόσο κάποτε η έννοια του όρου προσλαμβάνει πλατύτερο περιεχόμενο, αποκτώντας ευρύτερες διαστάσεις. Άλλωστε, ας μην ξεχνάμε πως τα πνευματικά πράγματα, οι πνευματικές καταστάσεις και σχέσεις, συχνά, εκφράζονται στην Αγία Γραφή με εικόνες και μεταφορές παρμένες από την ηθική ζωή. Έτσι, η ένωση π.χ. Θεού-Ισραήλ ή Χριστού-Εκκλησίας αποδίδεται με την εικόνα και τη λέξη του γάμου, ενώ η απιστία του Ισραήλ χαρακτηρίζεται ως μοιχεία, κάποτε και εικονίζεται ως τέτοια, π.χ. στην περίπτωση του προφήτου Ωσηέ. Υπάρχει, πάντως, και η λύση ο όρος να αποδοθεί ως λιμπεραλιστής, λύση που στην ουσία δεν μεταφράζει τη λέξη, αλλά απλά παραπέμπει τον αναγνώστη στο αγγλικό λεξιλόγιο.
[51] Βλ. το κείμενο της ομιλίας στο https://mospat.ru/en/2010/09/10/news25819/ (αποσπάστηκε στις 29/06/2014).

Εισαγωγή

Αυτή η κατάσταση δεν είναι χωρίς εξήγηση. Τα πράγματα έχουν ως εξής: Η Ορθόδοξη Εκκλησία είναι η Μία και μόνη αληθινή Εκκλησία. Αν κάποιος ακολουθεί με ταπείνωση και πιστότητα την ορθόδοξη θεολογία, δεν πρόκειται να σφάλλει σε δογματικό επίπεδο. Αντίθετα, αν κάποιος, όντας Ορθόδοξος, ακολουθεί τον λογισμό του σε δογματικά θέματα, πιθανότατα, θα σφάλλει.

Η αίρεση είναι τελείως διαφορετική υπόθεση. Αν ένας αιρετικός ακολουθεί πιστά τα δόγματα της ομολογίας του, θα σφάλλει σε δογματικό επίπεδο, ακόμη και αν ο ίδιος είναι ταπεινός, μελετά προσεκτικά την Αγία Γραφή και τα πατερικά κείμενα, και προσπαθεί να ζει μια συνεπή χριστιανική ζωή. Αν, ωστόσο, ζει σωστά, χωρίς, όμως, να ακολουθεί πιστά τα δόγματα της ομολογίας, στην οποία ανήκει, τότε, είναι πιθανόν να θεολογήσει σωστά, ίσως όχι απόλυτα και σε όλα τα επίπεδα, αλλά, πάντως, με έναν τρόπο, που, αν δεν ταυτίζεται, μπορεί όμως να είναι πολύ κοντά στην ορθόδοξη θεολογία.

Γι' αυτό και παρατηρείται, κάποτε, το εξής φαινόμενο: Ορθόδοξοι θεολόγοι να διατυπώνουν αιρετικές θεολογίες, και, αντίθετα, αλλόδοξοι, αιρετικοί θεολόγοι, να μιλούν σαν ορθόδοξοι. Να αναφέρουμε μερικά παραδείγματα για τη δεύτερη περίπτωση. Διάσημοι προτεστάντες θεολόγοι όπως ο Billy Graham παραδέχονται πως ο προτεσταντισμός δεν τιμά την Παναγία όσο θα έπρεπε[52]. Άλλοι προτεστάντες μιλούν για τη θαυματουργική χάρη των ιερών λειψάνων[53]. Τέλος, εδώ και χρόνια, στον προτεσταντικό κόσμο επανέρχεται η χρήση των ιερών εικόνων. Εικόνες, συχνά, τοποθετούνται σε ναούς, ενώ ευρύτερη είναι η χρήση τους για ποιμαντικούς λόγους.

---

[52] Βλ. Gillquist Peter, *Καλώς ήρθατε στο σπίτι σας, Ανακαλύπτοντας την αρχαία χριστιανική πίστη*, Μετάφραση: Ιωσήφ Ροηλίδης, Εκδόσεις Ακρίτας, Σειρά: Ορθόδοξη Μαρτυρία, αριθμ. 104, Αθήνα 2008, σελ. 165.
[53] Βλ. Βασιλείου Ταμιωλάκη, « Μελέτη περί της ιστορίας και των θαυμάτων των ιερών λειψάνων του Αγίου Ιωάννου του Προδρόμου, με αναφορά στην πρόσφατη ανακάλυψη λειψάνων του στο νησί " Άγιος Ιωάννης " στη Βυζαντινή Σωζόπολη – σημερινή Βουλγαρία – και την επιστημονική τους εξέταση », *Ανάλεκτα (Πεμπτουσία)*, τ. 25 (Σεπτέμβριος 2014), σελ. 35.

Μια Μικρή Ιστορία για τον Αντίχριστο – V. SOLOVIEV
Εισαγωγή-μετάφραση-σχόλια Βασιλείου Ταμιωλάκη

Ένα χαρακτηριστικό παράδειγμα ετερόδοξου θεολόγου, που πλησίασε την ορθόδοξη θεολογία, είναι ο C. S. Lewis, τον οποίο υμνεί ο Frank Scaefer, και για τον οποίο έγραψε ο Επίσκοπος Διοκλείας Callistos Ware το άρθρο « C. S. Lewis, An anonymous Orthodox? »[54]. Η θεολογία του είναι πολύ κοντά στην ορθόδοξη θεολογία, ενώ ο ίδιος εξέφραζε τον θαυμασμό του για την Ορθόδοξη Εκκλησία. Υπάρχουν και πολλοί άλλοι. Κάποτε, κάποιοι τέτοιοι θεολόγοι βαπτίζονται ορθόδοξοι. Χαρακτηριστική είναι η περίπτωση των δύο Schaeffers, πατρός και υιού. Ο Francis Schaeffer ήταν ένας από τους αξιολογότερους προτεστάντες θεολόγους, και πολλές από τις θέσεις που είχε διατυπώσει, βρίσκονταν πολύ κοντά στην Ορθοδοξία. Ο υιός του, Frank Schaeffer ο νεώτερος, βαδίζοντας στα χνάρια του πατέρα του, και προχωρώντας ακόμη παραπέρα, έφτασε στο τέρμα του δρόμου που εκείνος είχε ξεκινήσει, και εντάχθηκε στην Ορθόδοξη Εκκλησία. Βέβαια, πολλοί δεν φτάνουν στο ωραίο τέρμα αυτού του ωραίου δρόμου προς την αλήθεια. Βρίσκονται, όμως, στη σωστή κατεύθυνση. Είναι στραμμένοι προς την αλήθεια. Και αυτό είναι κάτι.

Ό,τι, λοιπόν, συμβαίνει σε κάποιο βαθμό και σήμερα, θα συμβεί σε πολύ μεγαλύτερο βαθμό στους έσχατους χρόνους. Την εποχή του Αντιχρίστου, όσοι ορθόδοξοι δεν ζουν ορθόδοξα, θα πλανηθούν απ' τον Αντίχριστο. Και όσοι αιρετικοί ζουν – όσο είναι δυνατόν – ορθά, δεν θα ξεγελαστούν από την πονηρία του, θα του αντισταθούν, και, τελικά, θα διωχθούν από αυτόν που ονομάστηκε στην Αποκάλυψη « το Θηρίον ».

---

[54] Βλ. Kallistos Ware of Diokleia, « C. S. Lewis: An Anonymous Orthodox? », *Sobornost (incorporating Eastern Churches Review)*, New Series 17. 2 (1995), σελ. 9-27. Βλ. Και του ιδίου « God of the Fathers: C. S. Lewis and Eastern Christianity », in David Mills (ed.), *The Pilgrim's Guide: C. S. Lewis and the Art of Witness*, Grand Rapids, MI:Eedermans 1998), σελ. 53-69.

Εισαγωγή

11) Η έννοια της χριστιανικής οικουμενικότητας. Απ' τον Vladimir Soloviev στον C. S. Lewis

« Οὐ σταυρὸς κηρύττεται καὶ ἡ οἰκουμένη προτρέχει; Τίς οὕτω περιεγένετο τῆς οἰκουμένης ἐν βραχεῖ χρόνῳ; Μὴ γάρ μοι λέγε τὰς αἱρέσεις τὰς ποικίλας καὶ παντοδαπὰς· πάντες γὰρ τὸν αὐτὸν Χριστὸν κηρύττουσιν, εἰ καὶ μὴ ὑγιῶς πάντες, ἀλλ' ἐκεῖνον προσκυνοῦσι σταυρωθέντα, τὸν ἐπὶ Ποντίου Πιλάτου »[55]. Αυτή η αναφορά του Αγίου Ιωάννου του Χρυσοστόμου είναι μία από τις χαρακτηριστικότερες – και ελάχιστες, πρέπει να το πούμε και αυτό – πατερικές αναφορές[56] σε μια κάποια χριστιανική οικουμενικότητα[57].

Κανείς δεν μπορεί να αρνηθεί πως οι αιρετικοί Χριστιανοί βρίσκονται εγγύτερα προς την αλήθεια από τους ειδωλολάτρες ή τους άθεους[58]. Γι' αυτό και ο Γέρων Σωφρόνιος αναγνώριζε την ύπαρξη χάριτος και εκτός της Ορθόδοξης Εκκλησίας, γράφοντας πως « το πλήρωμα της χάριτος μπορεί να κατέχει μόνο η μία και μοναδική Εκκλησία. Όλες όμως οι άλλες εκκλησίες διαθέτουν χάρη εξαιτίας της πίστεως στον Χριστό, όχι όμως στην πληρότητα »[59].

Μια αντίληψη χριστιανικής οικουμενικότητας συναντούμε και στον Γέροντα Seraphim Rose, ο οποίος, από

---

[55] Ιωάννου Χρυσοστόμου, *Εἰς τὸν Ἅγιον Ἀπόστολον Παῦλον*, Ομιλία Δ΄, P.G. 50, 489.
[56] Βέβαια, ο ίδιος Πατήρ της Εκκλησίας χαρακτηρίζει τους αιρετικούς σε άλλα σημεία του έργου του ως αντιχρίστους. Η μια αναφορά δεν έρχεται σε αντίθεση προς την άλλη. Η πίστη των αιρετικών στη θεότητα του Χριστού κρίνεται θετικά. Η προσήλωσή τους σε αιρετικές διδασκαλίες θεωρείται νοσηρή και αξιοκατάκριτη.
[57] Η χριστιανική οικουμενικότητα στην οποία αναφερόμαστε είναι κοινωνιολογικό μέγεθος και δεν πρέπει να συγχέεται με την εκκλησιαστική οικουμενικότητα, την οικουμενικότητα της Μίας Αγίας Καθολικής και Αποστολικής Εκκλησίας.
[58] Πρβλ. και Γέροντος Παϊσίου Αγιορείτου, *Πνευματική Αφύπνιση*, ο.π., σελ. 178-179.
[59] Αρχιμανδρίτου Σωφρονίου, *Αγώνας Θεογνωσίας, Η αλληλογραφία του Γέροντος Σωφρονίου με τον Δ. Μπαλφούρ*, Μετάφραση από τα ρωσικά Αρχιμανδρίτη Ζαχαρία, Ιερά Πατριαρχική και Σταυροπηγιακή Μονή Τιμίου Προδρόμου, Έσσεξ Αγγλίας 2004, σελ. 161-162.

Μια Μικρή Ιστορία για τον Αντίχριστο – V. SOLOVIEV
Εισαγωγή-μετάφραση-σχόλια Βασιλείου Ταμιωλάκη

θλίψη για τα όσα διαδραματίζονταν στο χώρο του δυτικού χριστιανισμού, έγραψε σε μια επιστολή του στον Thomas Merton: « Μπορεί να υπάρχει – δεν θα είχα γράψει αυτή την επιστολή, αν δεν ήλπιζα πως υπάρχει – ένας ορθός (true), αν και – τρόπος του λέγειν – υπόγειος (subterranean) " οικουμενισμός " μεταξύ των διαχωρισμένων Χριστιανών, ειδικά σε περιόδους διωγμών. Αλλ' αυτός δεν έχει καμία απολύτως σχέση με τις δραστηριότητες οποιουδήποτε Παγκόσμιου Συμβουλίου Εκκλησιών »[60]. Αξίζει να προσέξουμε πως ο Γέροντας Σεραφείμ Rose, διακρίνει την υγιή αντίληψη περί μιας χριστιανικής οικουμενικότητας από τον νοσηρό οικουμενισμό-συγκρητισμό. Και, οπωσδήποτε, δεν πρέπει να παραβλέψουμε πως ο Γέροντας Σεραφείμ Rose θλίβεται για την περαιτέρω πτώση του δυτικού χριστιανισμού, δεν επιχαίρει γι' αυτήν.

Ανέκαθεν, λοιπόν, και μάλιστα σε περιόδους διωγμών κατά του Χριστιανισμού, αναπτύσσονταν αισθήματα αλληλεγγύης, συμπάθειας και αδελφικότητας μεταξύ των Χριστιανών των ποικίλων ομολογιών. Και σήμερα, ειδικά σε περιοχές, όπου διώκεται ο Χριστιανισμός, παρατηρούμε ένα τέτοιο φαινόμενο. Οι ενδοχριστιανικές σχέσεις ενδυναμώνονται, καθώς ο κοινός εχθρός ενώνει. Δεν πρέπει δε να παραθεωρείται και το γεγονός πως στην εποχή μας, ο Χριστιανισμός, ακόμη και στον δυτικό κόσμο, δεν διώκεται μεν φανερά, όμως πολεμείται λυσσαλέα, βρίσκεται στο στόχαστρο των σκοτεινών δυνάμεων, που τον πλήττουν έσωθεν και έξωθεν. Γι' αυτό και αρκετοί θεολόγοι αισθάνονται πως δεν είναι ώρα για ενδοχριστιανικές διαμάχες, αλλά είναι μάλλον καιρός για έστω βραχυπρόθεσμες συμμαχίες για την αντιμετώπιση του κοινού εχθρού. Αυτή η

---

[60] Eugene (Seraphim) Rose, *A letter to Thomas Merton*, αποσπάστηκε απ' τον δικτυακό τόπο http://orthodoxinfo.com/ecumenism/merton.aspx, στις 13/02/2016, « There may be – I would not have written this letter if I did not hope there was - a kind of true, though so to speak subterranean " ecumenism " between separated Christians, especially in times of persecution. But that has nothing remotely to do with the activities of any " World Council of Churches " ».

Εισαγωγή

αλληλεγγύη δεν συνιστά, δεν οδηγεί και δεν πρέπει να οδηγεί σε ένωση.

Η προσεκτική συνεργασία με τους καλύτερους από τους αλλόδοξους, με αυτούς που βρίσκονται κοντά στις ορθόδοξες θέσεις, φαίνεται πως είναι αναγκαία. Όταν οι σκοτεινές δυνάμεις συνασπίζονται σε παγκόσμιο επίπεδο, και, παρά τις όποιες διαφορές που έχουν μεταξύ τους, εφορμούν κατά του Χριστιανισμού, οι χριστιανικές δυνάμεις θα πρέπει να κάνουν το ίδιο στα πλαίσια της άμυνάς τους. Να αναφέρουμε ένα χαρακτηριστικό παράδειγμα. Όταν γινόταν λόγος για το Ευρωπαϊκό σύνταγμα και την αναφορά η μη αναφορά σ' αυτό του Χριστιανισμού, οι επιδιώξεις των Ορθοδόξων συνέπιπταν μ' αυτές των ρωμαιοκαθολικών ή των προτεσταντών. Η ενδεχόμενη σχετική αναφορά, αν επιτυγχανόταν, θα είχε επίδραση σε ζητήματα νομοθεσίας, π.χ. σχετικά με την αργία της Κυριακής αλλά και σε άλλα θέματα. Μια συνεργασία των ποικίλων χριστιανικών δογμάτων για την επίτευξη τέτοιων στόχων επιβάλλεται από τα πράγματα.

Ένα παραπλήσιο ζήτημα είναι η παρουσία ορθών απόψεων στα κείμενα των αιρετικών, κάτι που, ήδη, είχε επισημανθεί απ' τον Άγιο Κύριλλο Αλεξανδρείας. « Οὐ πάντα, ὅσα λέγουσιν οἱ αἱρετικοί, φεύγειν καὶ παραιτεῖσθαι χρῆ· πολλὰ γὰρ ὅμολογοῦσιν ὧν καὶ ἡμεῖς ὁμολογοῦμεν »[61], είχε γράψει ο ιερός συγγραφεύς. Η αξιοποίηση ορθών απόψεων αιρετικών χριστιανών δεν είναι κάτι άγνωστο στην ορθόδοξη παράδοση. Ο Άγιος Νικόδημος ο Αγιορείτης μετέφρασε και, μετά από τροποποιήσεις, παρουσίασε αναθεωρημένα, εμπλουτισμένα και βελτιωμένα διάφορα έργα ρωμαιοκαθολικών θεολόγων. Ο Άγιος Νεκτάριος χρησιμοποιεί στα απολογητικά, κυρίως, έργα του, αιρετικούς συγγραφείς, που οι θέσεις και το έργο τους βρίσκονταν σε συμφωνία με τις ορθόδοξες θέσεις, ώστε να αντικρούσει αντιχριστιανικές θεωρίες και αναθεωρητικές θεολογίες. Ο Φώτης Κόντογλου μετέφρασε επιλογές από τους *Στοχασμούς* του Πασκάλ. Αλλά και ο Σεραφείμ Ρόουζ χρησιμοποιούσε έργα αλλοδόξων χριστιανών, αναφέροντας, επι παραδείγματι, θέσεις

---

[61] Κυρίλλου Αλεξανδρείας, *Υπομνηστικόν προς Ευλόγιον*, P.G. 77, 225.

Μια Μικρή Ιστορία για τον Αντίχριστο – V. SOLOVIEV
Εισαγωγή-μετάφραση-σχόλια Βασιλείου Ταμιωλάκη

προτεσταντών, που είχαν εντοπίσει σατανική επιρροή και επίδραση στη λεγόμενη « χαρισματική κίνηση ». Ο π. Χαράλαμπος Βασιλόπουλος αξιοποιούσε στοιχεία από αλλόδοξους θεολόγους που είχαν προβεί σε σωστές και κατατοπιστικές επισημάνσεις για θέματα σατανισμού και Νέας Τάξης Πραγμάτων.

Η αξιοποίηση, λοιπόν, αξιόλογων έργων αλλόδοξων χριστιανών με προσοχή, σύνεση και περίσκεψη, όχι μόνο δεν πρέπει να αποκλείεται αλλά επιβάλλεται. Άλλωστε, είναι γνωστό πως, σε ιδεολογικό επίπεδο, μέχρι πρότινος τουλάχιστον, τα ιδεολογικά και θεολογικά ρεύματα έρχονταν στην Ελλάδα με κάποια καθυστέρηση. Έτσι διάφορες θεολογικά προβληματικές φιλοσοφίες ή αθεϊστικές κοσμοθεωρίες που έρχονται σήμερα στην Ελλάδα, έχουν ήδη αντιμετωπιστεί στη Δύση δεκαετίες νωρίτερα από αλλόδοξους θεολόγους, που έχουν ερευνήσει τα προβλήματα, έχουν συλλέξει πληροφορίες σχετικά με την ταυτότητα, τις αιτίες και τις συνέπειες αυτών των θεωριών, έχουν αναπτύξει απολογητική επιχειρηματολογία που τις ανατρέπει. Ο ορθόδοξος θεολόγος, αντιμετωπίζοντας τα ίδια προβλήματα μετά από δεκαετίες, είναι παράλογο να μην αξιοποιεί όλη αυτή την εργασία που έχει γίνει από τους αλλόδοξους απολογητές του Χριστιανισμού κατά του αθεϊσμού π.χ. ή άλλων αντίχριστων θεωριών. Βέβαια, σήμερα τα πράγματα έχουν αλλάξει. Μετά την εφεύρεση του διαδικτύου αυτή η καθυστέρηση στην έλευση των ιδεολογιών στην Ελλάδα τείνει να εκλείψει. Τα πράγματα πλέον σε παγκόσμιο επίπεδο εξελίσσονται σχεδόν ταυτόχρονα. Όμως, μια κάποια καθυστέρηση στην εμφάνιση των προβλημάτων υπάρχει ακόμη.

Ένα άλλο θέμα που καθιστά αναγκαία τη χρησιμοποίηση των αξιόλογων έργων των αλλόδοξων χριστιανών είναι η τοπική εγγύτητα που αυτοί έχουν προς τις εστίες των διαφόρων θεολογικών ζητημάτων που χρήζουν σχολιασμού ή αντιμετώπισης, όπως είναι π.χ. διάφορα θρησκευτικά κινήματα. Οι Αμερικάνοι θεολόγοι είναι φυσικό να γνωρίζουν ένα θεολογικό πρόβλημα που γεννήθηκε και αναπτύχθηκε στην Αμερική καλύτερα από έναν Έλληνα

Εισαγωγή

θεολόγο. Επίσης, έχουν καλύτερη πληροφόρηση, πρόσβαση στις πηγές, μετέχουν στις θεολογικές συζητήσεις της κοινωνίας τους. Αυτό είναι εμφανές σε διάφορα ζητήματα. Όταν π.χ. είχε προκύψει το θέμα της αυξημένης παρουσίας του αριθμού « 666 » στα πλαίσια της προώθησης της Νέας Εποχής, είχε προβληθεί στους έλληνες θεολόγους, που αναφέρονταν στο πρόβλημα, η ένσταση πως αντέγραφαν βιβλία των προτεσταντών. Αλλά η χρησιμοποίηση των βιβλίων των προτεσταντών ήταν αναπόφευκτη. Πώς αλλιώς θα μπορούσε να γνωρίζει ο Έλληνας θεολόγος τί συμβαίνει στην Αμερική; Η Silicon Valley δεν βρίσκεται έξω απ' την Αθήνα αλλά έξω απ' το San Francisco. Το ίδιο συμβαίνει και με άλλα θέματα. Από πού θα μπορούσε να πληροφορηθεί για το κίνημα της Νέας Εποχής ή για τον Σατανισμό τη δεκαετία του 70 ο π. Αντώνιος Αλεβιζόπουλος, αν όχι από ξένους συγγραφείς; Αυτά τα προβλήματα δεν υπήρχαν τότε στην Ελλάδα, τουλάχιστον όχι τόσο έντονα όσο στο εξωτερικό.

Η όποια συνεργασία των Ορθοδόξων με τους αιρετικούς χριστιανούς, αναπόφευκτα, επιφέρει μια πιο διαλλακτική στάση απέναντί τους, στάση που, ειδικά στην εποχή μας, δικαιολογείται και από την επίγνωση του ότι οι περισσότεροι από αυτούς γεννήθηκαν εκτός της Εκκλησίας, δεν απομακρύνθηκαν μόνοι τους από αυτήν, όπως είχαν απομακρυνθεί π.χ. οι μεγάλοι αιρεσιάρχες και οι πρώτοι ακόλουθοί τους. Δεν επέλεξαν οι ίδιοι την αίρεση, γεννήθηκαν μέσα σ' αυτήν. Επιπροσθέτως, θα πρέπει να σημειωθεί πως οι περισσότεροι αγνοούν ή αδυνατούν να κατανοήσουν βασικά στοιχεία της εκκλησιαστικής ιστορίας, της δογματικής και της εκκλησιολογίας. Δεν γνωρίζουν καν τα δόγματα της ομολογίας τους, περίπου όπως και οι περισσότεροι ορθόδοξοι Χριστιανοί αγνοούν τα σωτηριώδη της Ορθοδοξίας δόγματα.

Η όποια συνεργασία των διαφόρων χριστιανικών ομολογιών ούτε προϋποθέτει αλλά ούτε και απαιτεί την ένωσή τους, και δεν θα πρέπει να συγχέεται με έναν δογματικό μινιμαλισμό ή σχετικισμό. Οι οπαδοί του δογματικού μινιμαλισμού-σχετικισμού ισχυρίζονται πως τα δόγματα δεν έχουν σημασία, πως οι δογματικές διαφορές μεταξύ των χριστιανικών ομολογιών δεν πρέπει να εμποδίζουν την

Μια Μικρή Ιστορία για τον Αντίχριστο – V. SOLOVIEV
Εισαγωγή-μετάφραση-σχόλια Βασιλείου Ταμιωλάκη

διαχριστιανική κοινωνία. Προωθούν έτσι έναν συγκρητισμό και έναν ισοπεδωτικό οικουμενισμό.

Οι παραδοσιακοί θεολόγοι που συνεργάζονται κατά του αντιχριστιανισμού δεν αρνούνται τη σημασία των δογμάτων και την σπουδαιότητα των ποικίλων δογματικών διαφορών. Απλά, επιλέγουν να μην ασχοληθούν με αυτό το αντικείμενο. Οι λόγοι για μια τέτοια επιλογή είναι ποικίλοι, και η πιο επιτυχής παρουσίασή τους βρίσκεται στον πρόλογο του *Mere Christianity* του C. S. Lewis[62]. Ο σημαντικότερος λόγος είναι η πολεμική που υφίσταται ο χριστιανισμός στο σύνολό του από το κίνημα του αντιχριστιανισμού και η ανάγκη που δημιουργείται για απολογητική. Για τους περισσότερους από τους αλλόδοξους είναι, επίσης, η αδυναμία κατανόησης των δογμάτων, η έλλειψη φιλοσοφικής και δογματικής παιδείας. Και αυτή η αναγνώριση από αιρετικούς της θεολογικής αδυναμίας και ανεπάρκειάς τους, δείχνει και μία ταπείνωση, που συνιστά τη βάση κάθε ορθής πνευματικής προσπάθειας. Συχνά, η πρόταξη των κοινών αρχών του χριστιανισμού είναι και ζήτημα ιδιοσυγκρασίας. Οι πλείστοι των αιρετικών, εκτός του ότι στερούνται φιλοσοφικής και δογματικής παιδείας, ενδιαφέρονται, περισσότερο, για την προσωπική τους πνευματική πρόοδο, που, συνήθως, κατανοούν με ηθικούς όρους. « Ας τηρήσω πρώτα τις δέκα εντολές και το " αγάπα τον πλησίον σου ", και μετά προσπαθώ να κατανοήσω το filioque », σκέφτονται. Έτσι, η υπεράσπιση αυτού που ο C. S. Lewis ονομάζει " Mere Christianity " είναι, συνήθως, ζήτημα έμφασης, προτεραιότητας, εστίασης του ενδιαφέροντος.

Πάντως, πρέπει να παρατηρήσουμε πως οι πιο παραδοσιακές ομάδες τόσο στο χώρο της Ορθοδοξίας, όσο και στον χώρο του ρωμαιοκαθολικισμού και του προτεσταντισμού, αυτές που περισσότερο από άλλες μάχονται κατά του πνεύματος του αντιχριστιανισμού, συνεργάζονται μεν μεταξύ τους, ωστόσο δεν επιθυμούν να αναγάγουν αυτή τη συνεργασία σε ένωση, και, γενικά, είναι κατά του πνεύματος του οικουμενισμού· ίσως γιατί γνωρίζουν πως αυτό το πνεύμα

---

[62] Βλ. C. S. Lewis, *Mere Christianity*, HarperCollins e-books, v-xiv.

Εισαγωγή

προετοιμάζει την οδό του Αντιχρίστου. Από την άλλη, οι οικουμενιστικές τάσεις σε όλες τις χριστιανικές ομολογίες είναι οι λιγότερο ευαισθητοποιημένες κατά της κίνησης του αντιχριστιανισμού. Δεν την καταπολεμούν, αλλά μάλλον συσχηματίζονται και ερωτοτροπούν μ' αυτή την κίνηση.

Αν ο δογματικός μινιμαλισμός είναι επικίνδυνος, εξίσου ή και περισσότερο επικίνδυνος είναι ο εκκλησιολογικός σχετικισμός. Αυτός ο εκκλησιολογικός σχετικισμός εισήχθηκε απ' τους προτεστάντες, οι περισσότεροι εκ των οποίων έχουν μια πολύ ασαφή εικόνα περί εκκλησίας, ώστε να αλλάζουν ομολογία σχεδόν κάθε φορά που αλλάζουν και γειτονιά. Τα συνήθη κριτήρια βάσει των οποίων ένας προτεστάντης επιλέγει την ενορία του είναι η τοπική εγγύτητα, οι ρητορικές ικανότητες του πάστορα, η ύπαρξη χορωδίας, η οργάνωση και οι δραστηριότητες της κοινότητας. Έτσι, ένας προτεστάντης μπορεί να επιλέξει να είναι μεθοδιστής λ.χ. και όχι πεντηκοστιανός, επειδή του αρέσει περισσότερο το μπάσκετ απ' το βόλεϋ.

Αυτός ο σχετικισμός ενυπάρχει εγγενώς στον προτεσταντισμό, εισήχθηκε μετά την β' βατικάνεια σύνοδο και στον ρωμαιοκαθολικισμό[63], ενώ απουσιάζει απ' την Ορθόδοξη Παράδοση. Επομένως, για να παραφράσουμε λίγο τον Πασκάλ, ένας Χριστιανός που θέλει να είναι βέβαιος πως ανήκει στην εκκλησία, θα πρέπει να γίνει Ορθόδοξος. Και αυτό γιατί, σύμφωνα με τους αιρετικούς, ένας Ορθόδοξος μπορεί να είναι μέλος της – κατ' αυτούς αόρατης – εκκλησίας, ενώ σύμφωνα με εμάς τους Ορθοδόξους, ένας αιρετικός δεν μπορεί να είναι μέλος της Εκκλησίας. Επομένως, αν θες να είσαι σίγουρα μέλος της Εκκλησίας, γίνε Ορθόδοξος. Αν έχουν δίκιο οι ορθόδοξοι, κερδίζεις τα πάντα, ενώ, αν έχουν οι αιρετικοί, δεν χάνεις τίποτε! Βέβαια, το πόσο Ορθόδοξος μπορείς να είσαι, αν δεν είσαι βέβαιος για το τί απ' τα δύο ισχύει, αυτό είναι άλλη υπόθεση!

---

[63] Βλ. σχετικά στο έργο του πρωτοπρεσβυτέρου Πέτρου Χιρς, *Η Εκκλησιολογική Αναθεώρηση της Β΄ Βατικάνειας Συνόδου, Μια ορθόδοξη διερεύνηση του Βαπτίσματος και της Εκκλησίας κατά το Διάταγμα του Οικουμενισμού*, Θεσσαλονίκη 2014.

Μια Μικρή Ιστορία για τον Αντίχριστο – V. SOLOVIEV
Εισαγωγή-μετάφραση-σχόλια Βασιλείου Ταμιωλάκη

12) Η λεπτή κόκκινη γραμμή μεταξύ υγιούς χριστιανικής οικουμενικότητας και νοσηρού συγκρητιστικού οικουμενισμού

Συνεργασία, λοιπόν, και κοινή δράση των Ορθοδόξων και των αιρετικών χριστιανών κατά του κινήματος του αντιχριστιανισμού, αναπόφευκτα, υπάρχει. Όμως, αυτή η συνεργασία και συμπόρευση με τους αρίστους των αλλοδόξων δεν πρέπει να ξεπερνά κάποια όρια. Υπάρχει ο κίνδυνος, προσπαθώντας να αποφύγουμε τη Σκύλλα του αντιχριστιανισμού, να πέσουμε στη Χάρυβδη του οικουμενισμού και της αιρέσεως. Και στις δυο περιπτώσεις έχουμε να κάνουμε με τέρατα. Ελλοχεύει σοβαρότατος πνευματικός κίνδυνος απωλείας αιωνίων ψυχών. Και αν υπάρχουν αξιόλογοι αιρετικοί Χριστιανοί, όμως δεν υπάρχει αξιόλογη χριστιανική αίρεση. Ποτέ δεν πρέπει να ξεχνάμε πως οι διάφοροι αξιόλογοι αιρετικοί, όπως π.χ. η μητέρα Τερέζα ή ο C. S. Lewis, πέτυχαν ό,τι πέτυχαν όχι χάρη στην αίρεσή τους αλλά παρά την αίρεσή τους. Συνήθως δε, οι καλύτεροι απ' τους αιρετικούς είναι καλύτεροι, ακριβώς, διότι έχουν, με κάποιο τρόπο, αποστασιοποιηθεί από την αιρετική ομολογία στην οποία ανήκουν. Έτσι, π.χ. οι μεθοδιστές που καταδικάζουν την ομοφυλοφιλία, έχουν έρθει σε σύγκρουση με την ηγεσία των μεθοδιστών, που χειροτονεί ομοφυλόφιλους ως επισκόπους. Η αίρεση είναι, κατά βάθος, αντιχριστιανισμός και, συνέχεια, φθίνει και φθείρεται, πορευόμενη από πτώση σε πτώση.

Ο ίδιος Θεός που φωτίζει και ενδυναμώνει τους καλύτερους και πιο καλοπροαίρετους από τους αιρετικούς στην υπεράσπιση του Χριστιανισμού έξω απ' τα όρια της Εκκλησίας, είναι Αυτός που ίδρυσε την Εκκλησία ως θεανθρώπινο οργανισμό, την θωράκισε με την πρακτική της αποπομπής των αιρετικών, την εκκλησιολογία της, το συνοδικό και δημοκρατικό της σύστημα, τον όλο τρόπο λειτουργίας της. Και, αν η αλήθεια και η Θεία Χάρις υπάρχει

Εισαγωγή

ως εξαίρεση και σε άλλα δόγματα, όμως μέσα στην Εκκλησία υπάρχει ως κανόνας.

Ο Θεός, επίσης, απέδειξε και αποδεικνύει την υπεροχή και την μοναδικότητα της Ορθόδοξης Εκκλησίας μέσω θαυμάτων όχι προσωπικού αλλά εκκλησιαστικού χαρακτήρα. Θαύματα προσωπικού χαρακτήρα, όπως είναι π.χ. οι ιάσεις ασθενών συμβαίνουν και σε άλλα χριστιανικά δόγματα. Θαύματα εκκλησιαστικού χαρακτήρα που καταδεικνύουν την αλήθεια της Ορθοδοξίας και την πλάνη της αιρέσεως συμβαίνουν μόνο εντός της Μιάς Αγίας Καθολικής και Αποστολικής Εκκλησίας. Πολλά από αυτά τα θαύματα μαρτυρούνται στην ιστορία και δεν επιβεβαιώνουν απλά την αλήθεια της Ορθόδοξης πίστης αλλά, ταυτόχρονα, κατακεραυνώνουν και την πλάνη της αιρέσεως. Μιλάμε για θαύματα, όπως αυτά των Αγίων Σπυρίδωνος, Αχιλλείου και Νικολάου στην πρώτη Οικουμενική Σύνοδο, του Μ. Βασιλείου στον μητροπολιτικό ναό της Νίκαιας, του Αποστόλου Πέτρου στα γεγονότα σχετικά με την επιστολή του Αγίου Λέοντος Πάπα Ρώμης, της Αγίας Ευφημίας στην Δ΄ Οικουμενική Σύνοδο. Πρόκειται για θαύματα ιστορικά καταγεγραμμένα και τεκμηριωμένα.

Αλλά υπάρχουν και θαύματα που συμβαίνουν μέχρι και σήμερα, όπως η αφθαρσία του αγιασμού, που μόνο στην Ορθοδοξία υπάρχει. Δεν μπορούμε να μην αναφέρουμε το θαύμα του Αγίου Φωτός, που, πέρα από την σημαντικότατη ιστορική του τεκμηρίωση, έχει μελετηθεί επιστημονικά και επαναλαμβάνεται κάθε χρόνο εις πείσμα των απίστων και των αιρετικών. Το Άγιο Φως παρέχεται ως δώρο μόνο στον Ορθόδοξο Πατριάρχη, και δεν δόθηκε στον Λατίνο επίσκοπο των ρωμαιοκαθολικών το 1100 και το 1101, με αποτέλεσμα οι λατίνοι να αναγκαστούν να επιστρέψουν σε εμάς τους ορθόδοξους τα δικαιώματα της τελετής[64]. Αλλά ούτε και στον καθολικό των αρμενίων μονοφυσιτών δόθηκε το Άγιο Φως το 1579[65].

---

[64] Βλ. Χάρη Σκαρλακίδη, *Άγιον Φως, Το θαύμα του Μεγάλου Σαββάτου στον τάφο του Χριστού, 45 ιστορικές μαρτυρίες*, Αθήνα 2011, σελ. 110-161.
[65] Βλ. Χάρη Σκαρλακίδη, *Άγιον Φως, Το θαύμα του Μεγάλου Σαββάτου στον τάφο του Χριστού, 45 ιστορικές μαρτυρίες*, ο.π., σελ. 224-233.

Τέλος, σε κανένα άλλο δόγμα δεν συμβαίνει θαύμα ανάλογο αυτού που συμβαίνει σε ορθόδοξα προσκυνήματα, όπως στην Παναγία του Χάρου στους Λειψούς, όπου ξερά άνθη κάθε χρόνο βλαστάνουν στις 23 Αυγούστου, την γιορτή της Παναγίας, όπως βλάστησε η ξερή ράβδος του Ααρών στους χρόνους της Παλαιάς Διαθήκης[66]. Μόνο στην Ορθόδοξη Εκκλησία συμβαίνει αυτό το υπέροχο και καταπληκτικό θαύμα.

Αν, λοιπόν, ο Θεός χωρίζει την Ορθοδοξία από την αίρεση με τέτοια θαύματα, ποιός θα τολμήσει να συνενώσει αυτά που δεν πρέπει να συνενωθούν;

13) Σχετικά με τη χρήση του όρου « εκκλησία »

Στον γραπτό και προφορικό λόγο χρησιμοποιούνται διάφοροι τρόποι διάκρισης της Μιάς Αγίας Καθολικής και Αποστολικής Εκκλησίας, της Ορθόδοξης Εκκλησίας, από τις άλλες χριστιανικές ομολογίες που ενίοτε, καταχρηστικά, ονομάζονται εκκλησίες. Ο πιο ακριβής τρόπος διάκρισης είναι η χρήση του όρου « Εκκλησία » αποκλειστικά και μόνο για την Ορθόδοξη Εκκλησία, σύμφωνα με την ιερά παράδοση και το σύμβολο της πίστεως που λέγει « Εἰς Μίαν Ἁγίαν Καθολικήν καὶ Ἀποστολικήν Ἐκκλησίαν ». Σ' αυτή την περίπτωση μιλάμε μόνο για Ορθόδοξη Εκκλησία, με κεφαλαίο « Ε ». Δεν χρησιμοποιούμε τους όρους ρωμαιοκαθολική εκκλησία ή προτεσταντική εκκλησία αλλά μιλάμε για ρωμαιοκαθολικισμό και προτεσταντισμό.

Δυστυχώς, όμως, έχει επικρατήσει η χρήση του όρου « εκκλησία » και για άλλες χριστιανικές ομολογίες, και μάλιστα σε τέτοιο βαθμό, ώστε κάποτε να συναντάται ακόμη και σε κείμενα των πιο συνεπών επικριτών του οικουμενισμού. Σ' αυτή την περίπτωση ένας τρόπος διάκρισης είναι η χρήση κεφαλαίου « Ε » για την Ορθόδοξη Εκκλησία και η χρήση

---

[66] Βλ. και στο https://www.youtube.com/watch?v=79iPWWPBqEQ και στο https://www.youtube.com/watch?v=ghlxufx-iFw.

Εισαγωγή

μικρού « ε » για τον προτεσταντισμό και τον ρωμαιοκαθολικισμό, οπότε μιλάμε για την Ορθόδοξη Εκκλησία και για προτεσταντική εκκλησία ή ρωμαιοκαθολική εκκλησία. Μειονέκτημα αυτής της διάκρισης είναι πως δεν μπορεί να περάσει στον προφορικό λόγο, ενώ, επιπροσθέτως, πρέπει να συνοδεύεται από την επισήμανση πως στις εκφράσεις προτεσταντική εκκλησία και ρωμαιοκαθολική εκκλησία, ο όρος « εκκλησία » έχει αποκλειστικά κοινωνιολογικό-ιστορικό-νομικό περιεχόμενο.

Συνήθως, αυτή η επισήμανση είτε δεν αναφέρεται εξ αρχής, είτε χρησιμοποιείται αρχικά αλλά με τον καιρό παραλείπεται. Φεύγει ο αστερίσκος και μένει μόνο η χρήση του όρου « εκκλησία » για τον προτεσταντισμό και τον ρωμαιοκαθολικισμό, οπότε δημιουργείται η εντύπωση πως πρόκειται για πραγματικές εκκλησίες, με τον όρο « εκκλησία » να χρησιμοποιείται πλέον και με εκκλησιολογικό περιεχόμενο και δογματική έννοια. Μια ανάλογη περίπτωση, απ' τον χώρο της διπλωματίας, είναι η χρήση του όρου « Μακεδονία » από τους Σκοπιανούς. Αυτό που επιδιωκόταν απ' το κράτος των Σκοπίων και, εν μέρει, συμβαίνει είναι πως ο όρος « FYROM » πρακτικά αντικαθίσταται απ' τον όρο « Μακεδονία ». Τελικά, φεύγουν οι αστερίσκοι και οι διευκρινίσεις, και παραμένει η χρήση του κύριου όρου, που, κυρίως, ενδιαφέρει.

Η χρήση της γλώσσας έχει ιδιαίτερη σημασία στη δογματική, όπου ένα γράμμα μπορεί να κάνει τη διαφορά ανάμεσα στην Ορθοδοξία και την αίρεση. Σκεφτόμαστε με λέξεις. Η γλώσσα, απ' τη μια μεριά, εκφράζει τη σκέψη αλλά, απ' την άλλη, την καθορίζει κιόλας. Πρόκειται για μια αμφίδρομη διαδικασία. Θα αναφέρουμε ένα παράδειγμα, αυτή τη φορά απ' τον χώρο της βιβλικής θεολογίας, την χρήση του ονόματος « Ιησούς ». Ο χωρισμός του ονόματος « Ιησούς » απ' τις λέξεις « Κύριος » ή « Χριστός » εκφράζει αλλά και καλλιεργεί και παγιώνει την άρνηση της θεϊκής ιδιότητας του Θεανθρώπου από κάποιους θεολόγους.

Εν πάση περιπτώσει, όσον αφορά τη μετάφραση της *Μικρής Ιστορίας για τον Αντίχριστο*, επέλεξα, για λόγους πιστότητας στο κείμενο του Soloviev, όταν χρησιμοποιείται απ' τον ρώσο φιλόσοφο ο όρος « εκκλησία » για τον προτεσταντισμό και ρωμαιοκαθολικισμό, να χρησιμοποιήσω μεν αυτόν τον όρο, γράφοντάς τον όμως με μικρό « ε », για τους λόγους που παραπάνω εξέθεσα.

14) Λίγα λόγια για την μετάφραση και την παρούσα ελληνική έκδοση

Η μετάφραση έγινε κατά βάσιν από τις αγγλικές εκδόσεις του 1915 ενώ συμβουλεύτηκα και νεώτερες αγγλικές εκδόσεις[67] και, σε κάποιες περιπτώσεις, και το ρωσικό πρωτότυπο κείμενο. Είναι γνωστό πως η μετάφραση πάντοτε υπολείπεται σε αξία του πρωτοτύπου· tradutore-traditore, όπως υπογραμμίζεται στη γνωστή ιταλική ρήση. Πάντως, κατέβαλα κάθε δυνατή προσπάθεια να αποδώσω το νόημα του κειμένου όσο γίνεται πιο πιστά, χωρίς, ταυτόχρονα, να απολεσθεί η λογοτεχνική ομορφιά του έργου, η ροή του κειμένου, το ύφος του συγγραφέα.

Επίσης, μετέφρασα από τον πρόλογο του Soloviev στο έργο *Τρεις Διάλογοι*, το απόσπασμα που αναφέρεται στη *Μικρή Ιστορία για τον Αντίχριστο*. Τα σχόλια του Soloviev είναι καθοριστικής σημασίας και βοηθούν τον αναγνώστη στην ακριβέστερη κατανόηση του κειμένου. Μετέφρασα, επίσης, και κάποια άλλα μικρά κείμενα του Soloviev, που αναφέρονται στο ίδιο θέμα.

Απαραίτητη θεώρησα και τη μετάφραση κάποιων αποσπασμάτων απ' τον τρίτο διάλογο, που αναφέρονται στον Αντίχριστο. Δεν μετέφρασα ολόκληρο το έργο του Soloviev *Τρεις Διάλογοι* αλλά μόνο τη *Μικρή Ιστορία για τον Αντίχριστο*, γιατί ήθελα όλη η προσοχή του αναγνώστη να εστιαστεί σ' αυτό το θέμα. Άλλωστε, μια μετάφραση όλου του έργου θα απαιτούσε και μια μεγαλύτερη εισαγωγή και την πραγμάτευση πολλών άλλων ζητημάτων. Κάτι τέτοιο, όμως, πέρα από τον

---

[67] Βλ. στη βιβλιογραφία.

Εισαγωγή

επιπλέον χρόνο και μόχθο που θα απαιτούσε, δεν ήταν στις προθέσεις μου.

ΜΕΡΟΣ Α΄

Ο Soloviev για την *Μικρή Ιστορία για τον Αντίχριστο*

Μέρος Α΄
Ο Soloviev για την *Μικρή Ιστορία για τον Αντίχριστο*

Μια Μικρή Ιστορία για τον Αντίχριστο – V. SOLOVIEV
Εισαγωγή-μετάφραση-σχόλια Βασιλείου Ταμιωλάκη

1. Απόσπασμα από τον πρόλογο του Σολόβιεφ στο έργο Πόλεμος, Πρόοδος και το Τέλος της Ιστορίας, περιλαμβάνεται μια Μικρή Ιστορία για τον Αντίχριστο, Τρεις Διάλογοι

Αυτοί οι διάλογοι για το κακό και τις μαχητικές και ειρηνικές μεθόδους καταπολέμησής του, έπρεπε να κατακλειστούν με μια ευκρινή έκθεση της έσχατης, της πιο ακραίας εκδήλωσης του κακού στην ιστορία, με την περιγραφή του βραχύβιου θριάμβου του και του τελικού του αφανισμού. Αρχικά, επεξεργάστηκα αυτό το θέμα σε διαλογική μορφή, όπως είχα επεξεργαστεί και τα υπόλοιπα μέρη, και με μια παρόμοια περιστασιακή χρήση του εύθυμου στοιχείου. Αλλά υποδείξεις φίλων με έπεισαν πως αυτή η μέθοδος παρουσίασης ήταν ακατάλληλη για δύο λόγους. Πρώτον, επειδή οι διακοπές και παρεμβολές που απαιτούνται από τη μορφή του διαλόγου, έτειναν να εξασθενούν το ενδιαφέρον για την ιστορία. Και, δεύτερον, επειδή ο δημώδης και, ιδιαίτερα, ο εύθυμος χαρακτήρας της συζήτησης δεν ταίριαζε με τη θρησκευτική σπουδαιότητα του θέματος.

Αναγνώρισα το δίκιο αυτών των επισημάνσεων, και, έτσι, άλλαξα τη μορφή του τρίτου διαλόγου, εισάγοντας σε αυτόν την ανάγνωση μιας ανεξάρτητης «Μικρής Ιστορίας για τον Αντίχριστο», από ένα χειρόγραφο, που κάποιος μοναχός είχε αφήσει πεθαίνοντας. Αυτή η διήγηση, παλαιότερα, αποτέλεσε το θέμα μιας δημόσιας διάλεξης και προκάλεσε μεγάλο σάστισμα και ανάμικτα σχόλια στην αίθουσα και στον τύπο, ο κύριος λόγος των οποίων φαίνεται να είναι πολύ απλός: Η ανεπαρκής από τους περισσότερους γνώση των αναφορών στον Αντίχριστο που περιέχονται στις Γραφές και την εκκλησιαστική παράδοση.

Αυτές οι αναφορές παρέχουν πληροφορίες για όλα τα κύρια χαρακτηριστικά του Αντιχρίστου, όπως είναι η βαθύτερη έννοια του Αντιχρίστου ως θρησκευτικού απατεώνα, που αποκτά τον τίτλο του Υιού του Θεού κλέβοντάς τον, και όχι με πνευματική αυτοθυσία· η σχέση του με έναν

Μέρος Α΄
Ο Soloviev για την *Μικρή Ιστορία για τον Αντίχριστο*

ψευδοπροφήτη μάγο, ο οποίος πλανά τον κόσμο με αληθινά και ψεύτικα θαύματα· η σκοτεινή και ασυνήθιστα άνομη προέλευση του ίδιου του Αντιχρίστου, ο οποίος εξασφαλίζει τη διεθνή θέση του Μονάρχη του κόσμου με τη βοήθεια σατανικών δυνάμεων· τέλος, η γενική εξέλιξη και το τέλος της δράσης του. Άλλα στοιχεία, που χαρακτηρίζουν τον Αντίχριστο και τον ψευδοπροφήτη του, μπορούν, επίσης, να βρεθούν στις ίδιες πηγές. Σ' αυτές συναντούμε, για παράδειγμα, την « κατάβαση πυρός απ' τον ουρανό », τη θανάτωση των δύο μαρτύρων του Χριστού, την έκθεση των σωμάτων τους στους δρόμους της Ιερουσαλήμ, και πολλά άλλα.

Για να συνδέσουμε τα γεγονότα μεταξύ τους και να καταστήσουμε τη διήγηση πιο παραστατική, ήταν αναγκαίο να εισαγάγουμε αρκετές λεπτομέρειες, που εν μέρει βασίστηκαν σε ιστορικές προβλέψεις, και εν μέρει δημιουργήθηκαν με τη δύναμη της φαντασίας. Στις λεπτομέρειες του τελευταίου είδους, όπως τα ημι-πνευματιστικά, ημι-ταχυδακτυλουργικά τεχνάσματα του μεγάλου μάγου με υποχθόνιες φωνές, πυροτεχνήματα κ.τ.λ., έδωσα, δεν χρειάζεται καν να το πω, πολύ μικρή σημασία, και νομίζω πως δικαιώθηκα στο να αναμένω παρόμοια αντιμετώπιση από την πλευρά των « κριτών » μου. Όσον αφορά το άλλο και εξαιρετικά ουσιώδες σημείο, τα χαρακτηριστικά γνωρίσματα των τριών προσωποποιημένων ομολογιών στην οικουμενική σύνοδο, αυτό θα μπορούσε να προσεχθεί, και πλήρως να εκτιμηθεί μόνο από εκείνους τους κριτές μου που είναι εξοικειωμένοι με την ιστορία και τη ζωή των εκκλησιών.

Ο χαρακτήρας του Ψευδοπροφήτη που περιγράφεται στην Αποκάλυψη, και η αποστολή του, όπως καθαρά μαρτυρείται εκεί, το να προκαλεί τον θαυμασμό του κόσμου για χάρη του Αντιχρίστου, μου επέβαλε να αποδώσω σε αυτόν ποικίλα θαύματα του είδους που προσιδιάζει σε μάγους και ταχυδακτυλουργούς. Είναι γνωστό με βεβαιότητα: « Καὶ ποιεῖ σημεῖα μεγάλα, καὶ πῦρ ἵνα ἐκ τοῦ οὐρανοῦ καταβαίνη εἰς τὴν γῆν ἐνώπιον τῶν ἀνθρώπων »[68]. Προς το παρόν, δεν

---
[68] Απ. 13,13.

Μια Μικρή Ιστορία για τον Αντίχριστο – V. SOLOVIEV
Εισαγωγή-μετάφραση-σχόλια Βασιλείου Ταμιωλάκη

μπορούμε, φυσικά, να γνωρίζουμε τη μαγική και μηχανική τεχνική αυτών των θαυμάτων, αλλά μπορούμε να είμαστε βέβαιοι πως αυτή μέσα σε δύο ή τρεις αιώνες θα προχωρήσει πολύ πιο πέρα από το σημείο στο οποίο τώρα βρίσκεται, και το τί θα γίνει εφικτό από μια τέτοια πρόοδο για έναν μάγο σαν τον δικό μας, αυτό δεν είναι δική μου υπόθεση να το πω.

Έχω εισαγάγει στην ιστορία μου κάποια συγκεκριμένα χαρακτηριστικά στοιχεία και λεπτομέρειες, μόνο για να διασαφηνίσω τις ουσιώδεις και πλήρως τεκμηριωμένες μαρτυρίες, ώστε αυτές να μη μείνουν απλά ατελή σχήματα. Τα ουσιαστικά στοιχεία και οι συμπληρωματικές λεπτομέρειες θα μπορούσαν, επίσης, καθαρά να διακριθούν σε όλα όσα λέω σχετικά με τον παμμογγολισμό και την ασιατική εισβολή στην Ευρώπη. Αλλά, φυσικά, σ' αυτή την περίπτωση, αυτό το ίδιο το κύριο γεγονός δεν έχει την απόλυτη βεβαιότητα που χαρακτηρίζει την μέλλουσα έλευση και καταστροφή του Αντιχρίστου και του Ψευδοπροφήτη του.

Τίποτε στην περιγραφή της εξέλιξης των μογγολο-ευρωπαϊκών σχέσεων δεν έχει ληφθεί κατευθείαν από τις Γραφές, αν και ένα μεγάλο μέρος απ' αυτήν μπορεί να βασιστεί σε γραφικά κείμενα. Η εν λόγω ιστορία, εξεταζόμενη στο σύνολό της, παρουσιάζει μια σειρά από προβλέψεις του πιο πιθανού, βασισμένες σε πραγματικά γεγονότα. Προσωπικά, πιστεύω πως αυτή η πιθανότητα είναι πολύ κοντά στη βεβαιότητα, και αυτό φαίνεται έτσι, όχι μόνο σε μένα, αλλά, επίσης, και σε πολλές άλλες πολύ περισσότερο σημαντικές προσωπικότητες.

Για χάρη της συνοχής της ιστορίας αρκετές λεπτομέρειες έπρεπε να εισαχθούν σ' αυτές τις εκτιμήσεις για την επερχόμενη μογγολική απειλή, λεπτομέρειες, για τις οποίες εγώ, φυσικά, δεν μπορώ να εγγυηθώ, και οι οποίες, γενικά, χρησιμοποιήθηκαν με φειδώ. Αυτό που για μένα είχε πολύ μεγαλύτερη σημασία ήταν να παραστήσω την εικόνα της επερχόμενης τρομακτικής σύγκρουσης των δύο κόσμων όσο πιο ρεαλιστικά γινόταν, και να δείξω μ' αυτόν τον τρόπο την πιεστική αναγκαιότητα για ειρήνη και πραγματική φιλία ανάμεσα σε όλα τα έθνη της Ευρώπης.

Μέρος Α΄
Ο Soloviev για την *Μικρή Ιστορία για τον Αντίχριστο*

Αν και η καθολική κατάπαυση του πολέμου φαίνεται σε μένα αδύνατη πριν την ολοκλήρωση της τελικής καταστροφής, όμως, πιστεύω ακράδαντα πως η στενότερη φιλία και η ειρηνική συνεργασία όλων των χριστιανικών εθνών και κρατών είναι όχι μόνο δυνατή αλλά και η αναγκαία και ηθικά επιβεβλημένη οδός για τη σωτηρία του χριστιανικού κόσμου, ώστε να μη γίνει βορά των πιο ευτελών στοιχείων.

Για να μην κάνω την ιστορία υπερβολικά μακροσκελή και υπέρμετρα περίπλοκη, έπρεπε να παραλείψω μια άλλη πρόβλεψή μου, που αξίζει δυο λόγια εξήγησης. Μου φαίνεται πως η επερχόμενη επιτυχία του παμμογγολισμού θα διευκολυνθεί εξαιρετικά από τον πείσμονα και εξαντλητικό αγώνα που κάποιες απ' τις ευρωπαϊκές χώρες θα υποχρεωθούν να διεξαγάγουν ενάντια στο αφυπνισμένο Ισλάμ στη δυτική Ασία και στη Βόρεια και Κεντρική Αφρική.

Σπουδαιότερο ρόλο απ' ό,τι, γενικότερα, πιστεύεται, θα διαδραματίσει η μυστική και ακατάπαυστη δράση της θρησκευτικής και πολιτικής αδελφότητας των « Senussi », η οποία για τα κινήματα του σύγχρονου μωαμεθανισμού έχει ανάλογη καθοδηγητική σημασία με αυτήν που έχει στον βουδιστικό κόσμο η θιβετιανή αδελφότητα των « Kelani » στη Λάσα (Lhasa) με όλες τις ινδικές, κινεζικές και ιαπωνικές παραφυάδες της. Απέχω πολύ απ' το να είμαι απόλυτα εχθρικός απέναντι στον Βουδισμό, και, αντίστοιχα, δεν είμαι ιδιαίτερα εχθρικός ούτε προς το Ισλάμ. Αλλά μια εθελούσια τυφλότητα στην υπάρχουσα και επερχόμενη κατάσταση των πραγμάτων είναι, σήμερα, υπερβολικά πρόθυμα αποδεκτή από πολλούς ανθρώπους, και θα μπορούσα, ίσως, να έχω επιλέξει για τον εαυτό μου μια πιο αποδοτική ενασχόληση.

Οι ιστορικές δυνάμεις που κυβερνούν τις μάζες των ανθρώπων θα πρέπει, ακόμη, να συμπλακούν και να συμφυρθούν μεταξύ τους, πριν φυτρώσει στο αυτοτραυματιζόμενο σώμα του θηρίου η νέα κεφαλή: η παγκοσμιοποιητική δύναμη του Αντιχρίστου, ο οποίος θα λαλήσει μεγαλοπρεπείς και υπέροχους λόγους, και θα ρίξει ένα αστραφτερό πέπλο καλοσύνης και αλήθειας πάνω στο μυστήριο της απόλυτης ανομίας τον καιρό της τελικής του αποκάλυψης, ώστε ακόμη και οι εκλεκτοί, σύμφωνα με τους

Μια Μικρή Ιστορία για τον Αντίχριστο – V. SOLOVIEV
Εισαγωγή-μετάφραση-σχόλια Βασιλείου Ταμιωλάκη

λόγους της Γραφής, να πέσουν στη μεγάλη προδοσία. Να ξεσκεπάσω αυτό το απατηλό προσωπείο, πριν ακόμη εμφανιστεί, αυτός ήταν ο υψηλότερος στόχος μου κατά τη συγγραφή αυτού του βιβλίου
...
 Ακόμη και σ' αυτή τη βελτιωμένη μορφή, συνεχίζω να διαπιστώνω πολυάριθμες ατέλειες. Αλλά όχι λιγότερο αισθάνομαι την ψυχρή εικόνα του ωχρού θανάτου, ο οποίος ήρεμα με συμβουλεύει να μην αναβάλω την έκδοση αυτού του βιβλίου για έναν αόριστο και ελάχιστα ασφαλή χρόνο.
 Αν θα έπρεπε να αφιερώσω χρόνο για νέα έργα, θα έπρεπε το ίδιο να αφιερώσω και για να βελτιώσω τα παλιά. Αν όχι, η έκθεση του επερχόμενου ιστορικού ζητήματος της ηθικής αντιπαράθεσης έχει σκιαγραφηθεί από μένα σε αρκούντως ευκρινείς, αν και σύντομες γραμμές, και δημοσιεύω αυτό το μικρό έργο με την ευχάριστη αίσθηση ενός ηθικού καθήκοντος που έχει εκπληρωθεί.

Μέρος Α΄
Ο Soloviev για την *Μικρή Ιστορία για τον Αντίχριστο*

2. Απόσπασμα από σημείωμα εισαγωγής που τελικά δεν συμπεριλήφθηκε στην έκδοση του 1900

Η συγγραφή αυτού του βιβλίου εμπνεύσθηκε από « τις σκιές των μελλοντικών γεγονότων ». Αυτές οι σκιές μου αποκαλύφθηκαν πολλές φορές, και ποτέ δεν είχα κανένα λόγο να τις αμφισβητήσω. Αλλά την τελευταία φορά, πριν περίπου δύο χρόνια, επικάθισαν στην ψυχή μου με ξεχωριστή δύναμη και επιμονή. Όχι μόνο συνειδητοποίησα με τον νου μου αλλά και αισθάνθηκα με όλη μου την ύπαρξη πως « παράγει τὸ σχῆμα τοῦ κόσμου τούτου »[69]. Αυτό το συναίσθημα με κατέλαβε και ξεσήκωσε μέσα μου μια σειρά από ιδέες, τις οποίες αποφάσισα να εκφράσω και να μεταφέρω στους άλλους[70].

---

[69] Πρβλ. Α΄ Κορ. 7,31.
[70] Παρατίθεται από τον Kotrelev στο έργο του eskhatologiia u Vladimira Soloveva, (« k istorii Trekh rasgovorov »), στο *Eskhatologicheskii sbornik*, St. Petersburg 2006, σελ. 255. Βλ. και Oliver Smith, *Vladimir Solovev and the Spiritualization of Matter*, Dissertation submitted in partial fulfilment of the requirements for the degree of Doctor of Philosophy at University College London (UCL), 2008, σελ. 181.

Μια Μικρή Ιστορία για τον Αντίχριστο – V. SOLOVIEV
Εισαγωγή-μετάφραση-σχόλια Βασιλείου Ταμιωλάκη

3. Σχόλια του Σολόβιεφ στη *Μικρή Ιστορία για τον Αντίχριστο*, που εκφωνήθηκαν απ' τον ίδιο μετά από δημόσια ανάγνωση του έργου

Τέτοια είναι η επικείμενη και αναπόφευκτη κατάληξη της παγκόσμιας ιστορίας. Μπορεί να μην το βλέπουμε, αλλά γεγονότα του όχι τόσο μακρινού μέλλοντος ρίχνουν ήδη την προφητική σκιά τους· και, στην εποχή μας, πιο καθαρά και αδιάψευστα από ποτέ, η επίπλαστη αγαθότητα, η κίβδηλη αλήθεια και το ψεύτικο κάλλος αναδύονται μπροστά στα μάτια μας. Όλα τα στοιχεία της μεγάλης εξαπάτησης βρίσκονται ήδη ενώπιον μας, και οι άμεσοι απόγονοι μας θα δουν με ποιό τρόπο όλα αυτά θα συνυφανθούν και συνενωθούν σε ένα ζωντανό και προσωπικό φαινόμενο, στον αντίθετο Χριστό, τον Αντίχριστο. Το βαθύτερο μήνυμα της παγκόσμιας ιστορίας είναι πως στην τελευταία ιστορική έκφραση του στοιχείου του κακού θα υπάρχει τόσο πολύ καλό. Είναι απαραίτητο να επιτραπεί στον «ἄρχοντα τοῦ κόσμου τούτου»[71] να εμφανιστεί προς το τέλος με την καλύτερη όψη του, να στολιστεί ελεύθερα με κάθε ομοιότητα προς το αγαθό. Μόνο αφού εξαντληθεί κάθε τι ευνοϊκό που θα μπορούσε να ειπωθεί γι' αυτόν, αφού καταπέσει κάθε τι που θα είναι σε αυτόν παραδεκτό, και, επιτέλους, ξεμασκαρεμένος εμφανιστεί ανοιχτά με την δική του μορφή της κακότητας, του ψεύδους και της θηριωδίας του, μόνο τότε θα μπορεί, πραγματικά, να καταδικαστεί και, αναγκαστικά, να χαθεί[72].

---

[71] Πρβλ. *Ιω.* 12,31 και 16,11.

[72] Αυτά τα ερμηνευτικά σχόλια εκφωνήθηκαν απ' τον ίδιο τον Soloviev μετά την δημόσια ανάγνωση της *Μικρής Ιστορίας για τον Αντίχριστο* στην κατάμεστη αίθουσα του δημαρχιακού μεγάρου της Αγίας Πετρούπολης, στις 26 Φεβρουαρίου του 1900. Παρατίθενται από τον Kotrelev στο έργο του eskhatologiia u Vladimira Soloveva, (« k istorii Trekh rasgovorov »), στο *Eskhatologicheskii sbornik*, ο.π., σελ. 253. Βλ. και Oliver Smith, *Vladimir Solovev and the Spiritualization of Matter*, ο.π., σελ. 163-4.

Μέρος Α΄
Ο Soloviev για την *Μικρή Ιστορία για τον Αντίχριστο*

ΜΕΡΟΣ Β΄

ΜΙΑ ΜΙΚΡΗ ΙΣΤΟΡΙΑ ΓΙΑ ΤΟΝ ΑΝΤΙΧΡΙΣΤΟ

Μέρος Β΄
Μια Μικρή Ιστορία για τον Αντίχριστο

1) Το τελευταίο τμήμα απ' τον τρίτο διάλογο του έργου του Soloviev, *Πόλεμος, Πρόοδος και το Τέλος της Ιστορίας*

Ο διάλογος διεξάγεται σε μια έπαυλη στη γαλλική ριβιέρα, στους πρόποδες των Άλπεων με θέα τη Μεσόγειο. Συμμετέχουν πέντε άτομα στη συζήτηση. Ένας στρατηγός, που εκπροσωπεί την παραδοσιακή θρησκευτική άποψη, που κυριαρχούσε στο παρελθόν· ένας πολιτικός, που εκφράζει την μοντέρνα κοσμοαντίληψη της εποχής του, και δίνει έμφαση στην έννοια της προόδου· μία γυναίκα, που ελαφρύνει με αστεία τη συζήτηση και εκφράζει μια απλοϊκή θρησκευτική αντίληψη· ο πρίγκιπας, που εικονίζει τον Tolstoy και διατυπώνει την παθητική θέση του περί μή αντίστασης στο κακό· και ο κύριος Ζ, που εκφράζει μια απόλυτα θρησκευτική θεώρηση, η οποία, κατά τον Soloviev, έμελλε να διαδραματίσει σημαντικό ρόλο στο μέλλον. Ο Soloviev αναγνωρίζει σχετική αλήθεια στις απόψεις του στρατηγού και του πολιτικού, καταδικάζει τις απόψεις του πρίγκηπα και ταυτίζεται με τις απόψεις του κυρίου Ζ. Ο κύριος Ζ, ουσιαστικά, είναι η φωνή του Soloviev.

Στρατηγός: Επιτέλους φτάσαμε στο πιο ενδιαφέρον θέμα.

Πρίγκιπας: Δεν θα ξεχάσετε, φυσικά, ούτε τον Αντίχριστο.

Κύριος Ζ: Οπωσδήποτε όχι. Κατέχει την πιο περίοπτη θέση σε ό,τι έχω να πω.

Πρίγκιπας (στην κυρία): Συγχωρήστε με, σας παρακαλώ. Είμαι, τώρα, υπερβολικά απασχολημένος με πολύ επείγουσες υποθέσεις. Ανυπομονώ ν' ακούσω τη συζήτηση πάνω σ' αυτό το απόλυτα συναρπαστικό θέμα, αλλά, λυπάμαι που το λέω, πρέπει να επιστρέψω σπίτι.

Μέρος Β΄
Μια Μικρή Ιστορία για τον Αντίχριστο

Στρατηγός: Να επιστρέψεις σπίτι; Και τί θα γίνει με το ουίστ[73];

Πολιτικός: Είχα ένα προαίσθημα από την πρώτη μέρα πως κάτι κακό ή κάτι παρόμοιο προετοιμαζόταν. Όπου εμπλέκεται η θρησκεία, μην περιμένεις ποτέ κανένα καλό. Tantum religio potuit suadere malorum[74].

Πρίγκιπας: Τίποτε κακό δεν πρόκειται να συμβεί. Θα προσπαθήσω να επιστρέψω στις εννέα η ώρα, αλλά, τώρα, αναμφίβολα, δεν έχω καθόλου χρόνο.

Κυρία: Γιατί αυτή η ξαφνική βιασύνη; Πώς και δεν μας ενημέρωσες γι' αυτά τα επείγοντα ζητήματα πρωτύτερα; Όχι, αρνούμαι να σε πιστέψω. Ειλικρινά, είναι ο Αντίχριστος που σε φόβισε, δεν είναι;

Πρίγκιπας: Άκουσα τόσες πολλές φορές χτες πως η ευγένεια είναι το παν, ώστε, υπό την επίδραση αυτής της θεωρίας, αποτόλμησα, για χάρη της ευγένειας, να πω ένα ψέμα. Τώρα βλέπω πως έκανα λάθος, και σας λέγω ειλικρινά πως, αν και είμαι απασχολημένος με πολλά σημαντικά ζητήματα, αφήνω αυτή τη συζήτηση, κυρίως γιατί θεωρώ πως είναι καθαρό χάσιμο χρόνου να συζητάς τέτοια πράγματα, που μπορούν να ενδιαφέρουν μόνο τους Παπούα και τους ομοίους τους.

Πολιτικός: Η πολύ ευγενική αμαρτία σου, τώρα, φαίνεται πως εξιλεώθηκε.

Κυρία: Γιατί γίνεσαι εριστικός; Αν είμαστε ηλίθιοι, διαφώτισέ μας. Πάρε εμένα για παράδειγμα. Δεν είμαι θυμωμένη μαζί σου, που με αποκάλεσες Παπούα. Γιατί ακόμα και οι Παπούα

---

[73] Παιχνίδι με κάρτες.
[74] Λουκρητίου, *De Rerum Natura*, Book I, 101, « Σε τέτοιο βαθμό κακίας η θρησκεία έχει οδηγήσει τους ανθρώπους ». Θα πρέπει βέβαια, να σημειώσουμε πως ο Λουκρήτιος αναφερόταν στην ειδωλολατρική θρησκεία.

Μια Μικρή Ιστορία για τον Αντίχριστο – V. SOLOVIEV
Εισαγωγή-μετάφραση-σχόλια Βασιλείου Ταμιωλάκη

μπορεί να έχουν σωστές ιδέες. Ο Θεός μετατρέπει τους ανόητους σε σοφούς. Μα, αν είναι τόσο δύσκολο για σένα να ακούς για τον Αντίχριστο, θα συμφωνήσουμε στο εξής: Η έπαυλή σου απέχει μόνο μερικά βήματα από εδώ. Πήγαινε σπίτι στη δουλειά σου τώρα, και γύρισε πίσω μετά τη συζήτηση...

Πρίγκιπας: Πολύ ωραία. Θα έρθω με ευχαρίστηση.

(μετά που άφησε ο Πρίγκιπας τη συντροφιά)

Στρατηγός (γελώντας): Όποιος έχει τη μύγα μυγιάζεται.

Κυρία: Τί, νομίζεις πως ο πρίγκιπάς μας είναι ο Αντίχριστος;

Στρατηγός: Λοιπόν, όχι αυτοπροσώπως, όχι αυτός ο ίδιος. Θα περάσει πολύς χρόνος, μέχρι να φτάσει σ' αυτό το σημείο. Αλλά βαδίζει σ' αυτή την κατεύθυνση.... Όπως αναφέρεται στο Ευαγγέλιο του Αγίου Ιωάννου: « Ηκούσατε τεκνία ότι Ἀντίχριστος ἔρχεται, καὶ νῦν ἀντίχριστοι πολλοὶ γεγόνασι ». Έτσι λοιπόν, ένας από αυτούς...

Κυρία: Κάποιος μπορεί να βρει τον εαυτό του ανάμεσα στους πολλούς, χωρίς τη θέλησή του. Ο Θεός δεν θα τον τιμωρήσει γι' αυτό. Απλά, παραπλανήθηκε.....

Πολιτικός:... Ωστόσο, ακόμη δεν μπορώ να καταλάβω γιατί θα έπρεπε να εξοργιστεί τόσο, όταν αναφέρθηκε ο Αντίχριστος. Πάρε εμένα για παράδειγμα. Δεν έχω καμία πίστη σε οποιουδήποτε είδους μυστικιστικά πράγματα, και πάλι δεν ενοχλούμαι. Αντίθετα, αυτό το ζήτημα μάλλον εξάπτει την περιέργειά μου, από μία γενική ανθρώπινη θεώρηση. Γνωρίζω πως για πολλούς είναι κάτι πολύ σοβαρό. Είναι φανερό, επομένως, πως σ' αυτό το θέμα κάποια πλευρά της ανθρώπινης φύσης έχει βρει την έκφρασή της, κάποια όψη που, πιθανότατα, έχει ατροφήσει στη συνείδησή μου, αλλά που δεν παύει να διατηρεί το αντικειμενικό της ενδιαφέρον, ακόμη και για μένα. Εγώ, για παράδειγμα, είμαι ένας πολύ

Μέρος Β΄
Μια Μικρή Ιστορία για τον Αντίχριστο

κακός κριτής ζωγραφικών έργων τέχνης. Δεν μπορώ να τραβήξω ούτε μια ίσια γραμμή ή ένα κύκλο, ούτε είμαι σε θέση να αντιληφθώ τί είναι κακό και τί είναι καλό στα έργα των ζωγράφων. Εντούτοις, με ενδιαφέρει η τέχνη της ζωγραφικής από την άποψη της γενικής παιδείας και της γενικής αισθητικής.

...

Πολιτικός: Τώρα που έχουμε φτάσει με ασφάλεια στο συμπέρασμα πως ούτε οι αθεϊστές, ούτε οι άπιστοι, ούτε οι " αληθινοί " χριστιανοί, όπως ο πρίγκιπάς μας, είναι ο Αντίχριστος, ήρθε πια η ώρα να μας δείξεις το αληθινό του πορτραίτο.

Κύριος Ζ: Ζητάς μάλλον πολλά, εξοχότατε. Είσαι ικανοποιημένος, για παράδειγμα, με έστω ένα από τα αναρίθμητα πορτραίτα του Χριστού, κάποια από τα οποία, θα παραδεχτείς, έχουν ζωγραφιστεί ακόμη και από ιδιοφυείς καλλιτέχνες; Προσωπικά, δεν γνωρίζω ούτε ένα ικανοποιητικό πορτραίτο. Πιστεύω πως κάτι τέτοιο είναι ακόμη και αδύνατο, γιατί ο Χριστός είναι ένα πρόσωπο μοναδικό στο δικό του είδος και στην ενσάρκωση του βασικού του χαρακτηριστικού, του αγαθού. Για να το ζωγραφίσεις αυτό, δεν αρκεί μια ιδιοφυία. Το ίδιο, λοιπόν, πρέπει να ειπωθεί για τον Αντίχριστο. Είναι και αυτός, επίσης, μοναδικός σε πληρότητα και απολυτότητα, μια ενσάρκωση του κακού. Είναι αδύνατο να παραστήσεις το πορτραίτο του. Στην εκκλησιαστική γραμματεία βρίσκουμε μόνο ένα σκιαγράφημά του, με περιγραφή των γενικών και μερικών ειδικών χαρακτηριστικών του.

Κυρία: Όχι, δεν θέλουμε το πορτραίτο του, Θεός φυλάξοι! Καλύτερα θα ήταν να μας εξηγούσες γιατί αυτός χρειάζεται, ποιά είναι η αποστολή του, και πότε θα έρθει.

Κύριος Ζ΄: Λοιπόν, από αυτή την άποψη, μπορώ να σας ικανοποιήσω περισσότερο απ' όσο ελπίζετε. Πριν μερικά

Μια Μικρή Ιστορία για τον Αντίχριστο – V. SOLOVIEV
Εισαγωγή-μετάφραση-σχόλια Βασιλείου Ταμιωλάκη

χρόνια, ένας συμφοιτητής μου από την εκκλησιαστική ακαδημία, που έγινε αργότερα μοναχός, μου κληροδότησε, στην επιθανάτια κλίνη, ένα χειρόγραφο, που εκτιμούσε πάρα πολύ, αλλά δεν θέλησε ή δεν μπόρεσε να το εκδώσει. Ο τίτλος του ήταν " Μια μικρή ιστορία για τον Αντίχριστο ". Αυτό το κείμενο, αν και ενδεδυμένο τον μανδύα της μυθοπλασίας, σαν μια φανταστική πρόβλεψη του ιστορικού μέλλοντος, παρέχει, κατά τη γνώμη μου, όλα όσα θα μπορούσαν να ειπωθούν γι' αυτό το θέμα, σύμφωνα με την Βίβλο, την εκκλησιαστική παράδοση και τις επιταγές του ορθού λόγου.

Πολιτικός: Είναι το έργο του παλαιού φίλου μας, μοναχού Βαρσανουφίου;

Κύριος Ζ΄: Όχι, το όνομα αυτού εδώ είναι ακόμη πιο ξεχωριστό: Πανσόφιος ονομαζόταν.

Πολιτικός: Παν-σόφιος; Ήταν πολωνός;

Κύριος Ζ΄: Ούτε στο ελάχιστο. Ήταν γιός ενός ρώσου... Αν μου επιτρέπετε να ανέβω στο δωμάτιό μου, θα πάρω το χειρόγραφο και μετά θα σας το διαβάσω.

Κυρία: Βιάσου, βιάσου. Πρόσεξε μην χαθείς.

(όσο ο κύριος Ζ. απουσίαζε, η συντροφιά άφησε τα καθίσματα και περπάτησε στον κήπο)

Πολιτικός: Αναρωτιέμαι τί μπορεί να είναι: Είναι η όρασή μου που εξασθενεί, ή κάτι άλλο συμβαίνει στη φύση; Παρατηρώ πως σε καμία εποχή, σε κανέναν τόπο δεν βλέπει κάποιος εκείνες τις λαμπρές καθαρές μέρες που παλαιότερα συναντούσες σε κάθε κλίμα. Πάρτε για παράδειγμα σήμερα. Δεν υπάρχει ούτε ένα σύννεφο, και είμαστε μακριά από τη θάλασσα, και όμως κάθε τί μοιάζει να χρωματίζεται από κάτι αδιόρατο και ακατάληπτο, το οποίο, αν και είναι μικρό, καταστρέφει την πλήρη διαύγεια των πραγμάτων. Το παρατηρείς αυτό στρατηγέ;

Μέρος Β΄
Μια Μικρή Ιστορία για τον Αντίχριστο

Στρατηγός: Είναι εδώ και πολλά χρόνια που ξεκίνησα να το παρατηρώ.

Κυρία: Πέρυσι και εγώ, επίσης, το παρατήρησα για πρώτη φορά, και όχι μόνο στον αέρα, αλλά και στην ψυχή το ίδιο, πως, ακόμη κι εκεί, η « απόλυτη διαύγεια », όπως την αποκαλέσατε, δεν μπορεί πια να βρεθεί. Όλα έχουν καταληφθεί από μια κάποια ανησυχία και ένα δυσοίωνο προαίσθημα. Είμαι βέβαιη, Πρίγκιπα, πως το αισθάνεστε κι εσείς.

Πρίγκιπας (που στο μεταξύ έχει επιστρέψει): Όχι, δεν έχω αντιληφθεί τίποτε συγκεκριμένο. Ο αέρας μοιάζει να είναι όπως συνήθως.

Στρατηγός: Είσαι πολύ νέος για ν' αντιληφθείς τη διαφορά. Γιατί δεν έχεις τίποτε με το οποίο να συγκρίνεις. Όμως, όταν κανείς θυμάται τη δεκαετία του πενήντα, τότε αρχίζει να το αισθάνεται.

Πρίγκιπας: Νομίζω πως η εξήγηση που, αρχικά, προτάθηκε, ήταν η σωστή. Είναι ζήτημα ασθενούς οράσεως.

Πολιτικός: Δεν μπορεί να τεθεί σε συζήτηση. Δύσκολα θα μπορούσε να αμφισβητηθεί το γεγονός πως, διαρκώς, όλο και γερνάμε. Αλλά ούτε και η γη γίνεται νεότερη, ώστε η κοινή κόπωση τώρα ξεκινά να αποκαλύπτεται.

Στρατηγός: Νομίζω πως είναι ακόμη πιο πιθανό ο διάβολος με την ουρά του να απλώνει ένα σύννεφο πάνω απ' τον κόσμο. Άλλο ένα σημάδι του Αντιχρίστου!

Κυρία (δείχνοντας τον κύριο Ζ. , που κατέβαινε από το πεζούλι). Θα μάθουμε κάτι γι' αυτό τώρα αμέσως.

(Όλοι κάθισαν στις θέσεις τους και ο κύριος Ζ. ξεκίνησε να διαβάζει).

Μια Μικρή Ιστορία για τον Αντίχριστο – V. SOLOVIEV
Εισαγωγή-μετάφραση-σχόλια Βασιλείου Ταμιωλάκη

Μέρος Β΄
Μια Μικρή Ιστορία για τον Αντίχριστο

2) Μια Μικρή Ιστορία για τον Αντίχριστο

« Παμμογγολισμός! Το όνομα είναι άγριο
αλλά ευχαριστεί εξαιρετικά το αυτί μου
σαν να ήταν γεμάτο από δυσοίωνα προαισθήματα
του σπουδαίου πεπρωμένου που καθορίστηκε από τον Θεό »[75].

Κυρία: Από πού προέρχεται αυτό το απόφθεγμα;

Κύριος Ζ: Νομίζω πως είναι έργο του ίδιου του συγγραφέα.

Κυρία: Λοιπόν, ακούμε.

Κύριος Ζ (διαβάζει)...

Ο εικοστός αιώνας ήταν η εποχή των τελευταίων μεγάλων πολέμων και επαναστάσεων. Ο μεγαλύτερος αυτών των πολέμων είχε την βαθύτερη αιτία του στο κίνημα του παμμογγολισμού, το οποίο δημιουργήθηκε στην Ιαπωνία στο τέλος του δεκάτου ενάτου αιώνα. Οι μιμητικοί Ιάπωνες, που επέδειξαν τόσο αξιοθαύμαστη ευφυΐα στην αντιγραφή των εξωτερικών μορφών του ευρωπαϊκού πολιτισμού, αφομοίωσαν επίσης και ορισμένες ευρωπαϊκές ιδέες που αφορούσαν στην εσωτερική του ποιότητα. Έχοντας μάθει από τις εφημερίδες και τα διδακτικά εγχειρίδια της ιστορίας πως υπήρξαν στη Δύση κινήματα όπως ο πανελληνισμός, ο παγγερμανισμός, ο πανσλαβισμός και ο πανισλαμισμός, αυτοί εξήγγειλαν στον κόσμο την μεγάλη ιδέα του παμμογγολισμού· δηλαδή της

---

[75] Οι στίχοι αυτοί είναι μόνο μια στροφή από ένα ποίημα του Soloviev, που έφερε τον τίτλο « Παμμογγολισμός ». Ο Soloviev δημοσίευσε αυτό το ποίημα το 1894 με σκοπό να προειδοποιήσει τους Ρώσους για τον εξ ανατολών κίνδυνο (Ιαπωνία, Κίνα). Καθώς οι στίχοι αυτοί χαρακτηρίζονται έργο του μοναχού Πανσόφιου, γίνεται φανερό πως πίσω απ' τον Πανσόφιο κρύβεται ο Soloviev.

συνένωσης υπό την ηγεσία τους όλων των φυλών της Ανατολικής Ασίας, με στόχο τη διεξαγωγή ανένδοτου πολέμου ενάντια στους ξένους εισβολείς, δηλαδή τους Ευρωπαίους.

Καθώς στην αρχή του εικοστού αιώνα η Ευρώπη είχε εμπλακεί σε έναν έσχατο αγώνα εναντίον του μουσουλμανικού κόσμου, άδραξαν την ευκαιρία να επιχειρήσουν την πραγμάτωση του μεγάλου σχεδίου τους, καταλαμβάνοντας πρώτα την Κορέα, και ύστερα το Πεκίνο, όπου, με τη βοήθεια του επαναστατικού κόμματος της Κίνας, εκθρόνισαν την παλιά δυναστεία των Manchu και την αντικατέστησαν με μια ιαπωνική. Σ' αυτό οι Κινέζοι συντηρητικοί σύντομα συνήνεσαν, καθώς συνειδητοποίησαν πως « μεταξύ δύο κακών το μή χείρον βέλτιστον », και πως « οι οικογενειακοί δεσμοί κάνουν τα αδέλφια, είτε αυτά το θέλουν είτε όχι ».

Η πολιτική ανεξαρτησία της παλαιάς Κίνας είχε ήδη αποδειχτεί ανίκανη να διατηρηθεί, και η υποτέλεια στους Ευρωπαίους ή τους Ιάπωνες ήταν αναπόφευκτη. Φαινόταν καθαρά, ωστόσο, πως η κυριαρχία των Ιαπώνων, παρ' ότι κατήργησε τις εξωτερικές δομές του κινέζικου κρατικού μηχανισμού, ο οποίος, άλλωστε, είχε αποδειχθεί άχρηστος, δεν πείραξε τα κύρια θεμέλια του εθνικού βίου, ενώ η κυριαρχία των ευρωπαϊκών δυνάμεων, που για πολιτικούς λόγους υποστήριζαν τους Χριστιανούς ιεραποστόλους, θα είχε απειλήσει την ίδια την πνευματική βάση της Κίνας. Το εθνικό μίσος, με το οποίο αντιμετωπίζονταν παλαιότερα οι Ιάπωνες από τους Κινέζους, είχε αναπτυχθεί σε μια εποχή κατά την οποία ούτε οι μεν ούτε οι δε γνώριζαν τους Ευρωπαίους, και, κατά συνέπεια, η εχθρότητα των δύο συγγενών εθνών είχε προσλάβει τον χαρακτήρα οικογενειακής έριδος, και ήταν τόσο παράλογη, όσο ήταν και καταγέλαστη.

Οι Ευρωπαίοι ήταν απόλυτα ξένοι, τίποτε άλλο από εχθροί, και η επικράτησή τους δεν υποσχόταν τίποτε που θα μπορούσε να κολακέψει την εθνική φιλοδοξία, ενώ στα χέρια των Ιαπώνων οι Κινέζοι είδαν την δελεαστική προσφορά του παμμογγολισμού, που την ίδια ώρα καθιστούσε πιο παραδεκτή στο μυαλό τους την οδυνηρή αναγκαιότητα της αφομοίωσης των εξωτερικών μορφών του ευρωπαϊκού πολιτισμού.

Μέρος Β΄
Μια Μικρή Ιστορία για τον Αντίχριστο

« Θα καταλάβετε, εσείς πεισματάρικα αδέρφια », οι Ιάπωνες τους προέτρεπαν επανειλημμένα, « πως παίρνουμε απ' τα δυτικά σκυλιά τα όπλα τους, όχι γιατί μας αρέσουν, αλλά για να τους νικήσουμε με τα ίδια τα δικά τους μέσα; Αν ενωθείτε μαζί μας και αποδεχτείτε την πρακτική μας καθοδήγηση, σύντομα θα είμαστε σε θέση όχι μόνο να διώξουμε όλους τους λευκούς διαβόλους από την Ασία μας, αλλά, επίσης, να κατακτήσουμε τις δικές τους περιοχές και να εγκαθιδρύσουμε την πραγματική Μέση Αυτοκρατορία σε όλο τον κόσμο. Έχετε δίκιο όσον αφορά την εθνική σας περηφάνια και την περιφρόνησή σας για τους Ευρωπαίους, αλλά θα έπρεπε να κρατήσετε αυτά τα αισθήματα ζωντανά όχι μόνο με όνειρα, αλλά και με φρόνιμες δράσεις συνάμα. Σ' αυτό το τελευταίο είμαστε πολύ πιο προχωρημένοι από σας και πρέπει να σας δείξουμε με ποιό τρόπο θα μπορέσετε να ωφεληθείτε και απ' τα δύο αυτά. Αν κοιτάξετε γύρω σας θα δείτε και οι ίδιοι πόσο μικρά κέρδη έχετε αποκομίσει από την πολιτική της εμπιστοσύνης στους εαυτούς σας και την δυσπιστία προς εμάς, τους φυσικούς φίλους και προστάτες σας. Είδατε με ποιό τρόπο η Ρωσία και η Αγγλία, η Γερμανία και η Γαλλία σχεδόν σας μοίρασαν μεταξύ τους, και πώς όλες σας οι αντιδράσεις, που μοιάζουν με αυτές της τίγρης, δεν μπόρεσαν παρά να δείξουν την αβλαβή μόνο άκρη της ουράς του φιδιού ».

Οι γνωστικοί Κινέζοι τα βρήκαν όλα αυτά λογικά, και η ιαπωνική δυναστεία εδραιώθηκε στέρεα. Το πρώτο μέλημά της ήταν, φυσικά, να δημιουργήσει έναν δυνατό στρατό και στόλο. Το μεγαλύτερο μέρος των ιαπωνικών στρατευμάτων μεταφέρθηκε στην Κίνα και αποτέλεσε τον πυρήνα του νέου κολοσσιαίου στρατού. Οι Ιάπωνες αξιωματούχοι που μπορούσαν να μιλούν κινέζικα αποδείχτηκαν πολύ καλύτεροι εκπαιδευτές από τους διωγμένους Ευρωπαίους, ενώ ο απροσμέτρητος πληθυσμός της Κίνας, με τη Ματζουρία, τη Μογγολία και το Θιβέτ, έδωσε επαρκή αριθμό ικανών στρατιωτών.

Ο πρώτος Αυτοκράτορας της Ιαπωνικής Δυναστείας ήταν πια σε θέση να κάνει μια επιτυχημένη δοκιμή της δύναμης της νέας Αυτοκρατορίας, διώχνοντας τους Γάλλους

Μια Μικρή Ιστορία για τον Αντίχριστο – V. SOLOVIEV
Εισαγωγή-μετάφραση-σχόλια Βασιλείου Ταμιωλάκη

από το Tonkin και το Siam, και τους Εγγλέζους απ' το Burma, και προσθέτοντας στη Μέση Αυτοκρατορία όλη την Ινδοκίνα.

Ο διάδοχός του, Κινέζος από τη μεριά της μητέρας του, συνδύαζε στο πρόσωπό του την κινέζικη πονηριά και πεισματικότητα με την ιαπωνική ενεργητικότητα, ευστροφία και δημιουργικότητα. Κινητοποίησε έναν στρατό τεσσάρων εκατομμυρίων στο κινεζικό Τουρκιστάν, και, ενόσω ο πρωθυπουργός του, ο Tsun Ji Yamin, πληροφορούσε εμπιστευτικά τον Ρώσο πρεσβευτή πως ο στρατός του προοριζόταν για εισβολή στην Ινδία, ο Αυτοκράτορας με τις πολυπληθείς δυνάμεις του ξαφνικά εισέβαλε στη ρωσική κεντρική Ασία, και, έχοντας ξεσηκώσει εκεί εναντίον μας όλους τους πληθυσμούς, πέρασε γοργά τα Ουράλια Όρη και κατακυρίευσε την Ανατολική και Κεντρική Ρωσία με τα στρατεύματά του.

Στο μεταξύ, οι ρωσικές δυνάμεις, που κινητοποιήθηκαν με τη μεγαλύτερη ταχύτητα, προχωρούσαν βιαστικά να τους συναντήσουν απ' την Πολωνία και τη Λιθουανία, το Κίεβο και το Volhyn, την Αγία Πετρούπολη και τη Φινλανδία. Όμως δεν διέθεταν έτοιμο σχέδιο στρατιωτικών επιχειρήσεων και αντιμετώπιζαν μια τεράστια υπεροχή σε αριθμούς. Οι πολεμικές αρετές τους δεν στάθηκαν ικανές να τους εξασφαλίσουν κάτι περισσότερο από μια αξιοπρεπή ήττα. Η ταχύτητα της εισβολής δεν τους άφησε καθόλου χρόνο για την κατάλληλη προετοιμασία, και τα στρατεύματα αφανίστηκαν το ένα μετά το άλλο σε απεγνωσμένες και απέλπιδες μάχες.

Οι νίκες των Μογγόλων επιτεύχθηκαν με, επίσης, τρομερές απώλειες, αλλά αυτές εύκολα αποκαταστάθηκαν με τη συνδρομή των ασιατικών σιδηροδρόμων, ενώ ο δύναμης διακοσίων χιλιάδων ρωσικός στρατός, που ήταν συγκεντρωμένος για κάποιο χρονικό διάστημα στα σύνορα με τη Ματζουρία, έκανε μια ανεπιτυχή απόπειρα να εισβάλει στην καλά αμυνόμενη Κίνα.

Ο Αυτοκράτορας, αφού άφησε ένα τμήμα των δυνάμεών του στη Ρωσία, ώστε να μην μπορούν να σχηματιστούν νέα στρατεύματα στη χώρα, και, επίσης, για να πολεμούν τα πολυάριθμα σώματα των ανταρτών, πέρασε με τρεις στρατιές τα σύνορα της Γερμανίας. Σ' αυτή την

Μέρος Β΄
Μια Μικρή Ιστορία για τον Αντίχριστο

περίπτωση, η χώρα είχε αρκετό χρόνο να προετοιμαστεί, και ένας απ' τους μογγολικούς στρατούς υπέστη μια συντριπτική ήττα.

Τον ίδιο καιρό, ωστόσο, στη Γαλλία το κόμμα του όψιμου ρεβανσισμού κατέλαβε την εξουσία, και, σύντομα, οι Γερμανοί βρήκαν στα νώτα τους έναν στρατό ενός εκατομμυρίου ανδρών. Ευρισκόμενος μεταξύ σφύρας και άκμονος, ο γερμανικός στρατός αναγκάστηκε να δεχτεί τους τιμητικούς όρους ειρήνης, που προσφέρθηκαν σ' αυτόν απ' τον Κινέζο Αυτοκράτορα. Οι περιχαρείς θριαμβευτές Γάλλοι, συναδελφωμένοι με τους κίτρινους, σκορπίστηκαν σε όλη τη Γερμανία και, σύντομα, έχασαν κάθε αίσθηση στρατιωτικής πειθαρχίας. Ο Αυτοκράτορας διέταξε τον στρατό του να εξολοθρεύσει τους συμμάχους που δεν ήταν πια χρήσιμοι, και η διαταγή εκτελέστηκε με ακρίβεια και κινέζικη σχολαστικότητα. Ταυτόχρονα, στο Παρίσι εργάτες χωρίς πατρίδα οργάνωσαν μια εξέγερση, και η πρωτεύουσα του δυτικού πολιτισμού με αγαλλίαση άνοιξε τις πύλες της στον Κύριο της Ανατολής.

Ικανοποιημένος ο ιδιότροπος αυτοκράτορας, αναχώρησε για τη Μπολόνια, όπου μέσα μεταφοράς υπό την προστασία του στόλου, που είχε έρθει κυκλικά γύρω απ' τον Ειρηνικό, προετοιμάζονταν ταχύτατα να διαπορθμεύσουν τον στρατό στην Αγγλία. Του τέλειωσαν, όμως, τα χρήματα, και έτσι οι Εγγλέζοι πέτυχαν να τον εξαγοράσουν με το ποσό του ενός εκατομμυρίου λιρών.

Μέσα σ' ένα χρόνο όλα τα ευρωπαϊκά κράτη υποτάχθηκαν και έγιναν υποτελή στην κυριαρχία του Κινέζου Αυτοκράτορα, ο οποίος, έχοντας αφήσει αρκετά στρατεύματα στην Ευρώπη, επέστρεψε στην Ανατολή για να οργανώσει ναυτικές επιχειρήσεις εναντίον της Αμερικής και της Αυστραλίας.

Ο νέος μογγολικός ζυγός επί της Ευρώπης διήρκεσε μισό αιώνα. Σε πνευματικό επίπεδο αυτή η εποχή σφραγίστηκε από μια γενική σύγχυση και έναν βαθύ, αμοιβαίο συγκερασμό των ευρωπαϊκών και ανατολικών ιδεών, που προσέφερε μια επανάληψη σε μεγάλη κλίμακα του αρχαίου αλεξανδρινού συγκρητισμού.

Μια Μικρή Ιστορία για τον Αντίχριστο – V. SOLOVIEV
Εισαγωγή-μετάφραση-σχόλια Βασιλείου Ταμιωλάκη

Τα πιο χαρακτηριστικά στοιχεία στην πρακτική πλευρά της ζωής ήταν τρία: Η μεγάλη εισροή στην Ευρώπη Κινέζων και Ιαπώνων εργατών και η συνεπακόλουθη όξυνση των κοινωνικών και οικονομικών προβλημάτων· η συνεχής δραστηριότητα της άρχουσας τάξης στην κατεύθυνση της θεραπείας αυτών των προβλημάτων· και, τέλος, η αυξημένη δραστηριότητα των διεθνών μυστικών εταιρειών, που οργάνωναν μια μεγάλη ευρωπαϊκή συνωμοσία για την εκδίωξη των Μογγόλων και την αποκατάσταση της ανεξαρτησίας της Ευρώπης.

Η κολοσσιαία συνωμοσία, που υποστηριζόταν από τις τοπικές εθνικές κυβερνήσεις, στο μέτρο που μπορούσαν να διαφύγουν τον έλεγχο των εκπροσώπων του Αυτοκράτορα, οργανώθηκε με αριστουργηματικό τρόπο και στεφανώθηκε με την πιο λαμπρή επιτυχία.

Τον καθορισμένο χρόνο δόθηκε το σύνθημα για την έναρξη της σφαγής των Μογγόλων στρατιωτών, και της εξόντωσης και απέλασης των ασιατών εργατών. Μυστικά σώματα ευρωπαϊκών στρατευμάτων εμφανίστηκαν ξαφνικά σε διάφορα μέρη, και μια γενική κινητοποίηση πραγματοποιήθηκε σύμφωνα με σχέδια που είχαν προετοιμαστεί νωρίτερα.

Ο νέος αυτοκράτορας, που ήταν εγγονός του μεγάλου κατακτητή, έσπευσε απ' την Κίνα στη Ρωσία, αλλά οι αναρίθμητες ορδές του υπέστησαν μια συντριπτική ήττα απ' τον πανευρωπαϊκό στρατό. Τα σκορπισμένα υπολείμματά τους επέστρεψαν στο εσωτερικό της Ασίας, και η Ευρώπη ανέπνευσε και πάλι ελεύθερη.

Η μακρά υποταγή στους ασιάτες βαρβάρους, που οφειλόταν στην έλλειψη ενότητας μεταξύ των κρατών, τα οποία ασχολούνταν μόνο με τα δικά τους εθνικά συμφέροντα, είχε τερματιστεί από μια πολυεθνική οργάνωση, στην οποία μετείχαν όλα τα ευρωπαϊκά έθνη. Σαν φυσική συνέπεια αυτού του γεγονότος, η παλιά παραδοσιακή οργάνωση των ξεχωριστών κρατών, είχε, παντού, στερηθεί την προγενέστερη σπουδαιότητά της, και τα τελευταία ίχνη των αρχαίων μοναρχικών θεσμών, σταδιακά, εξαφανίστηκαν.

Μέρος Β΄
Μια Μικρή Ιστορία για τον Αντίχριστο

Η Ευρώπη τον εικοστό πρώτο αιώνα ήταν μια συμμαχία από πάνω κάτω δημοκρατικά έθνη, τις Ηνωμένες Πολιτείες της Ευρώπης. Η πρόοδος του υλικού πολιτισμού, που, σε κάποιο βαθμό, είχε διακοπεί απ' τον μογγολικό ζυγό και τον πόλεμο της απελευθέρωσης, τώρα ξέσπασε με μεγαλύτερη δύναμη.

Ωστόσο, τα προβλήματα της εσωτερικής συνείδησης, όπως τα ερωτήματα της ζωής και του θανάτου, και ο έσχατος προορισμός του κόσμου και της ανθρωπότητας, έχοντας γίνει περισσότερο σύνθετα και περίπλοκα από τις τελευταίες έρευνες στα πεδία της ψυχολογίας και της φυσιολογίας, αυτά, όπως και πριν, παρέμεναν άλυτα. Μόνο ένα σημαντικό αποτέλεσμα έγινε εμφανές: Η οριστική χρεοκοπία της υλιστικής θεωρίας. Η ιδέα του σύμπαντος ως ενός συστήματος ατόμων που χορεύουν, και της ζωής ως του αποτελέσματος της μηχανικής συσσώρευσης των ελάχιστων αλλαγών στην ύλη, δεν ικανοποιούσε πια μια διανόηση που στηριζόταν αποκλειστικά στη λογική. Η ανθρωπότητα είχε ξεπεράσει αυτό το βρεφικό στάδιο της φιλοσοφίας.

Απ' την άλλη πλευρά, έγινε εξίσου προφανές πως η ανθρωπότητα είχε, επίσης, ξεπεράσει και την βρεφική ικανότητα για μια απλοϊκή και μη συνειδητή πίστη. Ιδέες τέτοιες, όπως αυτή του Θεού, που δημιουργεί το σύμπαν εκ του μηδενός, δεν διδάσκονταν, πλέον, ούτε στα δημοτικά σχολεία[76]. Ένα συγκεκριμένο υψηλό επίπεδο ιδεών, που αφορούσαν τέτοια θέματα, είχε αναπτυχθεί, και κανένας δογματισμός δεν θα ριψοκινδύνευε να κατέβει κάτω από αυτό. Και, παρόλο που η πλειοψηφία των σκεπτομένων ανθρώπων είχε παραμείνει άπιστη[77], οι λίγοι πιστοί είχαν, αναγκαστικά, γίνει σκεπτόμενοι, εκπληρώνοντας έτσι την αποστολική εντολή: « Μή ταῖς φρεσὶ ἀλλὰ τῇ κακίᾳ νηπιάζετε »[78].

---

[76] Ο Soloviev αποδεχόταν μια πανενθεϊστικής απόχρωσης θεωρία περί προϋπαρξης της ύλης προ της δημιουργίας.
[77] Την εποχή που έγραφε ο Soloviev υπήρχε η αντίληψη πως μέσα στον εικοστό αιώνα η επίδραση της θρησκείας στο δημόσιο βίο θα συρρικνωνόταν. Τελικά, βέβαια, έγινε το αντίθετο.
[78] Α΄ Κορ. 14,20.

Μια Μικρή Ιστορία για τον Αντίχριστο – V. SOLOVIEV
Εισαγωγή-μετάφραση-σχόλια Βασιλείου Ταμιωλάκη

Εκείνη την εποχή υπήρχε ανάμεσα στους λίγους πιστούς πνευματιστές[79], ένας καταπληκτικός άνδρας – πολλοί τον αποκαλούσαν Υπεράνθρωπο – που απείχε το ίδιο τόσο από την βρεφική νόηση όσο και απ' τη βρεφική πίστη. Ήταν, ακόμη, νέος, αλλά χάρη στο εξαιρετικό πνεύμα του, στην ηλικία των τριάντα τριών ετών, είχε, ήδη, γίνει διάσημος ως σπουδαίος στοχαστής, συγγραφέας και πολιτικός. Έχοντας επίγνωση της μεγάλης δύναμης του πνεύματός του, ήταν, ανέκαθεν, ένας δηλωμένος πνευματιστής, και η καθαρή διανοητική του δύναμη, πάντα, του έδειχνε την αλήθεια αυτού, στο οποίο κάποιος θα μπορούσε να πιστέψει: Το αγαθό, τον Θεό, τον Μεσσία.

Σ' αυτό πίστευε, αλλά μόνο τον εαυτό του αγαπούσε. Πίστευε στον Θεό, αλλά στο βάθος της καρδιάς του, ασυναίσθητα και ασυνείδητα, προτιμούσε τον εαυτό του από Αυτόν. Πίστευε στο αγαθό, αλλά ο αιώνιος παντεπόπτης οφθαλμός γνώριζε πως αυτός ο άνδρας θα γονάτιζε μπροστά στο κακό, μόλις αυτό τον δελέαζε. Θα γονάτιζε όχι από εξαπάτηση των αισθήσεων και ευτελή πάθη, ούτε ακόμη από το δέλεαρ της εξουσίας, αλλά μόνο απ' τη δική του ανείπωτη εγωπάθεια.

Αυτή η εγωπάθεια δεν ήταν ούτε ένα ασυνείδητο ένστικτο ούτε μια παράλογη φιλοδοξία. Ξέχωρα από την εξαιρετική ιδιοφυΐα, ομορφιά, και ευγένεια του χαρακτήρα του, η ανιδιοτέλεια και η ενεργητική συμπάθεια που έδειχνε σε τόσο μεγάλο βαθμό προς όσους βρίσκονταν σε ανάγκη, φαίνονταν να δικαιολογούν απόλυτα την υπέρμετρη εγωπάθεια αυτού του σπουδαίου πνευματιστή, ασκητή και φιλάνθρωπου.

Άξιζε, άραγε, την μομφή, επειδή, όντας, όπως πράγματι ήταν, τόσο γενναιόδωρα προικισμένος με τις δωρεές του Θεού, είδε σ' αυτές τα σημάδια της εξαιρετικής εύνοιας του Ουρανού προς αυτόν, και σκέφτηκε πως ήταν δεύτερος μόνο απ' τον ίδιο τον Θεό; Η επίγνωση της υψηλής αξίας του

---

[79] Πνευματισμός ή σπιριτουαλισμός στη φιλοσοφία ονομάζεται γενικότερα, κάθε διδασκαλία που δίνει προτεραιότητα στο πνευματικό στοιχείο έναντι του υλικού. Ο Soloviev χρησιμοποιεί μ' αυτή την έννοια τον όρο.

Μέρος Β΄
Μια Μικρή Ιστορία για τον Αντίχριστο

εκδηλώθηκε έμπρακτα όχι στην άσκηση των ηθικών υποχρεώσεών του απέναντι στον Θεό και τον κόσμο, αλλά στην εκμετάλλευση του προνομίου και της υπεροχής του εις βάρος των άλλων, και, ιδιαίτερα, εις βάρος του Χριστού. Στην αρχή δεν είχε καμία έχθρα απέναντι στον Χριστό. Αναγνώριζε τη μεσσιανική σπουδαιότητα και αξία του, αλλά ήταν ειλικρινής στο να τον βλέπει μόνο σαν τον μεγαλύτερο δικό του πρόδρομο. Το ηθικό επίτευγμα του Χριστού και η μοναδικότητά Του ήταν πέρα από τα όρια μιας διάνοιας τόσο απόλυτα θολωμένης από την εγωπάθεια, όπως η δική του. Σκέφτηκε έτσι: « Ο Χριστός ήρθε πριν από εμένα. Εγώ έρχομαι δεύτερος. Αλλά αυτό που στη σειρά του χρόνου εμφανίζεται ύστερο, είναι στην ουσία του μεγαλύτερης σπουδαιότητας. Εγώ έρχομαι τελευταίος, στο τέλος της ιστορίας, για τον λόγο, ακριβώς, ότι είμαι ο πιο τέλειος ». Είμαι ο τελικός σωτήρας του κόσμου, και ο Χριστός είναι πρόδρομός μου. Η αποστολή του ήταν να προηγηθεί και να προετοιμάσει την έλευσή μου ». Έτσι σκεπτόμενος ο Υπεράνθρωπος[80] του εικοστού πρώτου αιώνα, θεωρούσε πως ο,τιδήποτε είχε λεχτεί στα Ευαγγέλια σχετικά με την Δευτέρα Παρουσία, αναφερόταν στον εαυτό του. Ερμήνευε την Δευτέρα Παρουσία όχι σαν επιστροφή του ιδίου Χριστού, αλλά σαν αντικατάσταση του αρχικού Χριστού από τον τελικό Χριστό, δηλαδή τον εαυτό του.

Σ' αυτό το στάδιο, ο ερχόμενος άνδρας εμφάνιζε μερικά γνήσια χαρακτηριστικά. Η στάση του προς τον Χριστό, έμοιαζε, για παράδειγμα, με αυτή του Μωάμεθ, ενός ειλικρινούς άνδρα, ενάντια στον οποίο καμία κατηγορία ότι έτρεφε πονηρά σχέδια δεν μπορεί να αναφερθεί[81].

---

[80] Η αναφορά του Αντιχρίστου ως Υπερανθρώπου δεν είναι άσχετη με το έργο του Νίτσε και την επικριτική στάση του Soloviev απέναντι σ' αυτό. Βλ. σχετικά και στο έργο του Nel Grellaert, « A Short Story about the Ubermensch: Vladimir Solovev' s Interpretation of and Response to Nietzsche' s Ubermensch », Studies in East European Thought, 55, 2003, 2, σελ. 157-184.

[81] Σ' αυτό το σημείο ο Soloviev κάνει διάκριση μεταξύ της αντίθεσης στον Χριστό που είναι αποτέλεσμα πλάνης και αυτής που οφείλεται σε καθαρό μίσος. Στη δεύτερη περίπτωση η αντίθεση προς τον Χριστό συνυπάρχει με τη γνώση της ανωτερότητάς Του και της θεϊκής μεσσιανικής ιδιότητάς

Μια Μικρή Ιστορία για τον Αντίχριστο – V. SOLOVIEV
Εισαγωγή-μετάφραση-σχόλια Βασιλείου Ταμιωλάκη

Αλλά και με έναν άλλο τρόπο αυτός ο άνδρας δικαιολογούσε την εγωιστική προτίμηση του εαυτού του έναντι του Χριστού. « Ο Χριστός », είπε, « διδάσκοντας και εφαρμόζοντας το ηθικό καλό, ήταν ένας αναμορφωτής της ανθρωπότητας, ενώ εγώ καλούμαι να είμαι ο ευεργέτης αυτής της ίδιας ανθρωπότητας, που κατά ένα μέρος έχει αναμορφωθεί και κατά ένα μέρος είναι ανίκανη να αναμορφωθεί. Θα δώσω σε όλους τους ανθρώπους ό,τι χρειάζονται. Ο Χριστός, ως ηθικολόγος, διαχώρισε τους ανθρώπους με βάση την ιδέα του καλού και του κακού. Εγώ θα τους ενώσω με ευεργετήματα τα οποία είναι απαραίτητα τόσο στους καλούς, όσο και στους κακούς ανθρώπους. Θα είμαι ο αληθινός εκπρόσωπος αυτού του Θεού, που έκανε τον ήλιο Του να " ανατέλλει επί πονηρούς και αγαθούς και τη βροχή να πέφτει επί δικαίους και αδίκους "[82]. Ο Χριστός έφερε τη μάχαιρα[83]. Εγώ θα φέρω ειρήνη. Αυτός απείλησε τη γη με την Ημέρα της Κρίσεως. Αλλά ο τελευταίος κριτής θα είμαι εγώ ο ίδιος, και η κρίση μου δεν θα είναι κρίση μόνο δικαιοσύνης αλλά και ελέους. Η δικαιοσύνη που θα απονέμεται με τις ποινές μου δεν θα είναι τιμωρητική με κανένα τρόπο, αλλά διανεμητική. Θα κρίνω κάθε άνθρωπο κατά την αξία του, και θα δώσω στον καθένα ό,τι χρειάζεται ».

Σ' αυτή τη μεγαλειώδη ψυχική διάθεση περίμενε, τώρα, τον Θεό να τον καλέσει μ' έναν ολοφάνερο τρόπο, για να αναλάβει το έργο της σωτηρίας της ανθρωπότητας. Περίμενε κάποια καταφανή και εντυπωσιακή μαρτυρία πως αυτός ήταν ο μεγαλύτερος υιός, το αγαπημένο πρωτότοκο τέκνο του Θεού. Περίμενε και στήριζε τον εαυτό του με τη επίγνωση των υπεράνθρωπων αρετών και χαρισμάτων του, γιατί, όπως ήδη ειπώθηκε, ήταν ένας άνδρας ανεπίληπτου ήθους και εξαιρετικής ευφυίας.

Του. Τέτοια είναι π.χ. η σατανική αντίθεση στον Χριστό. Ο Σατανάς γνωρίζει ότι ο Χριστός είναι ο Θεός και παρά αυτή του τη γνώση ανθίσταται προς Αυτόν και θέλει να πάρει τη θέση του στις καρδιές των ανθρώπων. Ο Soloviev θεωρεί πως ο Μωάμεθ είχε εξαπατηθεί απ' τον διάβολο.
[82] Πρβλ. *Μθ.* 5,45.
[83] Πρβλ. *Μθ.* 10,34.

Μέρος Β΄
Μια Μικρή Ιστορία για τον Αντίχριστο

Έτσι, αυτός ο δίκαιος αλλά υπερήφανος άνδρας περίμενε την έγκριση Αυτού που βρίσκεται πάνω από όλα, για να αρχίσει τη σωτηρία της ανθρωπότητας. Αλλά δεν έβλεπε κανένα τέτοιο σημάδι. Είχε περάσει την ηλικία των τριάντα. Τρία, ακόμη, χρόνια πέρασαν. Μια σκέψη, ξαφνικά, ξεπήδησε στο μυαλό του και τον έκανε να ριγήσει ολόκληρος. « Και τί γίνεται », σκέφτηκε, « αν παρ' ελπίδα δεν είμαι εγώ ο εκλεκτός αλλά ο άλλος... ο Γαλιλαίος· αν αυτός δεν είναι ο προάγγελός μου αλλά ο αληθινός λυτρωτής, ο πρώτος και ο έσχατος; Μα, σ' αυτή την περίπτωση, Αυτός θα πρέπει να είναι ζωντανός... Πού είναι τότε; Τί θα γίνει αν, ξαφνικά, Αυτός έρθει σε μένα, εδώ, αυτή τη στιγμή; Δεν θα αναγκαστώ να γονατίσω κάτω μπροστά Του, όπως ο τελευταίος ανόητος Χριστιανός, σαν κάποιος Ρώσος χωρικός που μουρμουρίζει, χωρίς να καταλαβαίνει: " Κύριε, Ιησού Χριστέ, ελέησόν με τον αμαρτωλό ", ή σαν μια πολωνή γριά γυναίκα; Και θα είμαι εγώ, η γαλήνια μεγαλοφυία, ο Υπεράνθρωπος! Όχι, δεν μπορεί! ».

Και, να, αντί της προηγούμενης συλλογιστικής του και του ψυχρού σεβασμού για τον Θεό και Χριστό, ένας ξαφνικός φόβος γεννήθηκε και αναπτύχθηκε μέσα στην καρδιά του, που τον ακολούθησε ένας φλογερός φθόνος, που κατέτρωγε όλη του την ύπαρξη, και ένα θερμό μίσος, τέτοιο που σταματά και αυτή την ίδια την αναπνοή. « Εγώ είμαι, εγώ είμαι, και όχι Εκείνος. Είναι νεκρός, είναι και θα είναι για πάντα! Δεν, όχι, δεν αναστήθηκε. Το σώμα του γνώρισε φθορά στον τάφο, όπως αυτό και του τελευταίου... ». Και, με το στόμα του να αφρίζει, όρμησε με σπασμωδικές κινήσεις έξω απ' το σπίτι, πέρασε τον κήπο, και προχώρησε σ' ένα βραχώδες μονοπάτι, τυλιγμένος στη μαύρη ζοφερή νύχτα.

Η οργή του καταλάγιασε και έδωσε τη θέση της σε μια απόγνωση, ξερή και βαριά σαν τις πέτρες, μαύρη σαν τη νύχτα. Σταμάτησε μπροστά σ' ένα απότομο βάραθρο, απ' το βάθος του οποίου μπορούσε να ακούσει τους απόμακρους ήχους του χειμάρρου, που κυλούσε πάνω στις πέτρες. Και αβάσταχτη αγωνία πλάκωσε την καρδιά του. Ξαφνικά, μια σκέψη φώτισε τον νου του. « Μήπως να Τον καλέσω; Να Τον ρωτήσω τί να κάνω; ». Και στο μέσο του σκότους μπορούσε

Μια Μικρή Ιστορία για τον Αντίχριστο – V. SOLOVIEV
Εισαγωγή-μετάφραση-σχόλια Βασιλείου Ταμιωλάκη

να δει μια χλωμή και χρωματισμένη από θλίψη μορφή. « Με οικτίρει, ω, όχι, ποτέ! Δεν αναστήθηκε! Δεν το έκανε! Δεν το έκανε! ». Και πήδηξε απ' τον γκρεμό.

Αλλά, να, κάτι σταθερό, σαν στήλη ύδατος τον κράτησε ψηλά στον αέρα. Αισθάνθηκε έναν συγκλονισμό, σαν να ήταν από ηλεκτρισμό, και κάποια άγνωστη δύναμη τον πέταξε πίσω. Για ένα λεπτό έχασε τις αισθήσεις του. Όταν τις ανέκτησε, βρήκε τον εαυτό του πεσμένο στα γόνατα, λίγα βήματα απ' το χείλος του γκρεμού. Μια παράξενη μορφή, που ακτινοβολούσε μ' ένα θολό φωσφορίζον φως, ξεπρόβαλε μπροστά του, και τα δυο της μάτια διαπέρασαν την ψυχή του με την οδυνηρή διεισδυτική λάμψη τους.

Είδε αυτά τα δύο διαπεραστικά μάτια και άκουσε κάποια άγνωστη φωνή να έρχεται από μέσα του ή από έξω – δεν μπορούσε να πει τί απ' τα δύο –, μια υπόκωφη, πνιχτή φωνή, ωστόσο διακριτή, μεταλλική και ανέκφραστη, σαν από γραμμόφωνο. Και η φωνή του είπε: « Ω, αγαπημένε μου υιέ! Ας αναπαύεται όλη η αγαθότητά μου σε σένα. Γιατί δεν με αναζήτησες; Γιατί βιάστηκες να σκύψεις να λατρεύσεις αυτόν τον άλλο, τον κακό, και τον πατέρα του; Εγώ είμαι ο πατέρας και θεός σου. Και αυτός ο σταυρωμένος ζητιάνος είναι ξένος τόσο σε μένα όσο και σε σένα. Δεν έχω κανένα άλλο υιό εκτός από σένα. Εσύ είσαι ο ένας, ο μοναδικός που γέννησα, ο ίσος με μένα. Σε αγαπώ, και δεν ζητάω τίποτε από σένα. Είσαι τόσο όμορφος, μεγαλειώδης και ισχυρός. Κάνε το έργο σου στο δικό σου όνομα, όχι στο δικό μου. Κανένα φθόνο δεν τρέφω για σένα. Σε αγαπώ. Δεν ζητώ τίποτε από σένα. Αυτός, τον οποίο εσύ θεωρούσες θεό, απαίτησε από τον Υιό του μια απόλυτη υπακοή μέχρι ακόμη και τον θάνατο πάνω στο σταυρό, και ακόμη και εκεί δεν τον βοήθησε. Εγώ δεν απαιτώ τίποτε από σένα, και θα σε βοηθήσω! Για χάρη δική σου, για χάρη της δικής σου τιμής και τελειότητας, και για χάρη της δικής μου ανιδιοτελούς αγάπης προς εσένα, θα σε βοηθήσω. Λάβε το πνεύμα μου. Όπως, προηγουμένως, το πνεύμα μου σε γέννησε δίνοντάς σου ομορφιά, λοιπόν, τώρα σε γεννά παρέχοντάς σου δύναμη.

Μ' αυτά τα λόγια του ξένου, το στόμα του Υπερανθρώπου, αθέλητα, άνοιξε, δύο διαπεραστικά μάτια

Μέρος Β΄
Μια Μικρή Ιστορία για τον Αντίχριστο

ήρθαν κοντά στο πρόσωπό του, και ένιωσε μια παγωμένη ανάσα, η οποία διείσδυσε σε όλη του την ύπαρξη. Την ίδια στιγμή αισθάνθηκε μέσα του τέτοια δύναμη, ευρωστία, φωτεινότητα και χαρά, που ποτέ στο παρελθόν δεν είχε ξανανιώσει. Το ίδιο, ακριβώς, λεπτό, η φωτεινή μορφή και τα δύο μάτια, ξαφνικά, εξαφανίστηκαν· κάτι σήκωσε τον άνδρα ψηλά στον αέρα, και τον μετέφερε κάτω στον κήπο του, μπροστά στις θύρες του σπιτιού του.

Την επόμενη μέρα οι επισκέπτες του σημαντικού ανδρός, ακόμη και οι υπηρέτες του, έμειναν έκπληκτοι απ' την εμπνευσμένη αύρα του. Θα έμεναν ακόμη πιο έκπληκτοι, αν μπορούσαν να δουν με τί υπερφυσική ταχύτητα και ευχέρεια έγραφε, κλεισμένος στο γραφείο του, το περίφημο έργο του, που έφερε τον τίτλο: « Ο ανοιχτός δρόμος για την παγκόσμια ειρήνη και ευημερία».

Τα προηγούμενα έργα και η δημόσια δραστηριότητα του Υπερανθρώπου συναντούσαν, πάντα, αυστηρές επικρίσεις· αν και αυτές προέρχονταν, κυρίως, από άνδρες εξαιρετικά βαθιών θρησκευτικών *πεποιθήσεων*, εκείνους που γι' αυτόν, ακριβώς, τον λόγο, δεν κατείχαν καμία εξουσία (άλλωστε, μιλώ για την έλευση του Αντιχρίστου), και μόλις και μετά βίας γίνονταν ακουστοί, όταν προσπαθούσαν να καταδείξουν σε κάθε τί που ο Ερχόμενος Άνδρας έγραφε ή έλεγε, τα σημάδια μιας υπερβολικής και υπέρμετρης εγωπάθειας, και μια ολοκληρωτική και απόλυτη απουσία αληθινής απλότητας, ευθύτητας και ειλικρίνειας.

Αλλά τώρα με το νέο του βιβλίο ο Υπεράνθρωπος έφερε με το μέρος του ακόμη και κάποιους από τους προηγούμενους επικριτές και αντιπάλους του. Αυτό το βιβλίο, που γράφτηκε μετά το γεγονός στο βάραθρο, μαρτυρούσε μια μεγαλύτερη δύναμη ευφυίας, απ' όση είχε δείξει ποτέ στο παρελθόν. Ήταν ένα έργο που αγκάλιαζε τα πάντα και έλυνε κάθε πρόβλημα. Σ' αυτό το βιβλίο ο ευγενής σεβασμός των αρχαίων παραδόσεων και συμβόλων συνδυαζόταν με έναν τολμηρό και πλήρη ριζοσπαστισμό στη σφαίρα των κοινωνικών και πολιτικών προβλημάτων. Μια απεριόριστη ελευθερία σκέψης συνταιριαζόταν με την πιο βαθιά εκτίμηση

Μια Μικρή Ιστορία για τον Αντίχριστο – V. SOLOVIEV
Εισαγωγή-μετάφραση-σχόλια Βασιλείου Ταμιωλάκη

προς κάθε τι μυστικιστικό. Η απόλυτη ατομοκρατία συνυπήρχε με μια ένθερμη αφοσίωση στη συλλογική ευημερία. Ο πιο υψηλός ιδεαλισμός των θεωρητικών αρχών συμπορευόταν με την απόλυτη ακρίβεια στις πρακτικές αναγκαιότητες της ζωής. Και όλα αυτά είχαν αναμιχθεί και συνενωθεί σε ένα στέρεο σώμα με τέτοια καλλιτεχνική ιδιοφυία, ώστε κάθε στοχαστής και κάθε άνδρας της δράσης, όσο μονόπλευρος και αν είχε υπάρξει στο παρελθόν, να μπορεί εύκολα να δει και να αποδεχτεί το όλο μοντέλο, απ' τη δική του ιδιαίτερη θεώρηση, χωρίς να θυσιάζει τίποτε για την ίδια την αλήθεια, χωρίς, πραγματικά, να αίρεται πάνω απ' το Εγώ του, χωρίς, κατ' ουσία, να απαρνιέται το μονόπλευρο της θέσης του, χωρίς να διορθώνει την ανεπάρκεια των θεωρήσεων και επιθυμιών του, χωρίς να συμπληρώνει τις ελλείψεις του.

Το θαυμάσιο βιβλίο, αμέσως, μεταφράστηκε στις γλώσσες όλων των πολιτισμένων εθνών, και πολλών από τα μη πολιτισμένα επίσης. Καθ' όλη τη διάρκεια του έτους, χιλιάδες εφημερίδες σε όλα τα μέρη του κόσμου ήταν γεμάτες με τις διαφημίσεις των εκδοτών και τους επαίνους των κριτικών. Φτηνές εκδόσεις με πορτραίτα του συγγραφέα πωλούνταν κατά εκατομμύρια αντίτυπα, και όλος ο πολιτισμένος κόσμος – που, τώρα, ήταν, σχεδόν, όλη η Υδρόγειος – αντηχούσε τη δόξα του ασύγκριτου, του μεγάλου, του μοναδικού!

Κανένας δεν ύψωσε τη φωνή του ενάντια στο βιβλίο. Για κάθε θέμα έγινε αποδεκτό από όλους ως η αποκάλυψη της πλήρους αλήθειας. Σ' αυτό το βιβλίο, όλο το παρελθόν αντιμετωπιζόταν με όλη την οφειλόμενη δικαιοσύνη. Όλο το παρόν αξιολογούνταν με τόση αντικειμενικότητα και καθολικότητα· και το πιο ευτυχές μέλλον προσεγγιζόταν με τέτοιο πειστικό και πρακτικό τρόπο, ώστε καθένας δεν μπορούσε παρά να πει: « Εδώ, επιτέλους, έχουμε αυτό που χρειαζόμαστε. Εδώ είναι το ιδεώδες, το οποίο δεν είναι μια ουτοπία. Εδώ είναι ένα σχήμα, το οποίο δεν είναι όνειρο ». Και ο υπέροχος συγγραφέας όχι μόνο τους εντυπωσίαζε όλους, αλλά και ήταν σύμφωνος με τον καθένα, έτσι ώστε

Μέρος Β´
Μια Μικρή Ιστορία για τον Αντίχριστο

εκπληρώθηκε ο λόγος του Χριστού: " Ἐγὼ ἐλήλυθα ἐν τῷ ὀνόματι τοῦ Πατρός μου καὶ οὐ λαμβάνετέ με. Ἐὰν ἄλλος ἔλθῃ ἐν τῷ ὀνόματι τῷ ἰδίῳ ἐκεῖνον λήψεσθε "[84]. Γιατί είναι απαραίτητο να είναι σύμφωνος, για να γίνει αποδεκτός.

Είναι αλήθεια πως κάποιοι ευσεβείς άνδρες, ενώ υμνούσαν το βιβλίο με όλη τους την καρδιά, ρωτούσαν, γιατί το όνομα του Χριστού δεν αναφερόταν πουθενά σ' αυτό. Αλλά άλλοι Χριστιανοί αντέτειναν: « Τόσο το καλύτερο. Κάθε τι ιερό έχει, ήδη, κηλιδωθεί στους περασμένους αιώνες αρκετά, ώστε να κάνουν έναν βαθιά θρησκευόμενο συγγραφέα εξαιρετικά προσεκτικό σ' αυτά τα θέματα. Εξάλλου, το βιβλίο είναι διαποτισμένο από το αληθινό χριστιανικό πνεύμα της ενεργητικής αγάπης και της καλής θέλησης που αγκαλιάζει τα πάντα. Και τί περισσότερο θέλετε; ». Και όλοι συμφώνησαν.

Σύντομα μετά τη δημοσίευση του βιβλίου « Ο ανοιχτός δρόμος για την παγκόσμια ειρήνη και ευημερία », το οποίο έκανε τον συγγραφέα του τον πιο δημοφιλή άνδρα που έζησε ποτέ στη γη, μια Διεθνής Συνταγματική Συνέλευση των Ηνωμένων Πολιτειών της Ευρώπης επρόκειτο να συνέλθει στο Βερολίνο. Αυτή η Ένωση[85], ιδρυμένη μετά από μια σειρά διεθνών και εμφυλίων πολέμων, που προκλήθηκαν από την απελευθέρωση απ' τον μογγολικό ζυγό, και είχαν ως αποτέλεσμα μια αξιοσημείωτη αλλαγή στο χάρτη της Ευρώπης, απειλούνταν τώρα, και κινδύνευε, όχι από συγκρούσεις εθνών αλλά από την εσωτερική διαμάχη μεταξύ διαφόρων πολιτικών και κοινωνικών ομάδων.

Οι κεφαλές της ενιαίας ευρωπαϊκής πολιτικής σκηνής, που ανήκαν στην ισχυρή αδελφότητα των ελευθεροτεκτόνων, γνώρισαν μια ορισμένη υστέρηση εκτελεστικής εξουσίας. Η Ευρωπαϊκή Ένωση, που είχε αποκτηθεί με τόσο μεγάλο κόστος, απειλούνταν κάθε λεπτό να διαλυθεί. Δεν υπήρχε ομοφωνία στο Ηνωμένο Συμβούλιο ή « Comite permanent

---
[84] Ιω. 5,43.
[85] Οι Ηνωμένες Πολιτείες της Ευρώπης.

Μια Μικρή Ιστορία για τον Αντίχριστο – V. SOLOVIEV
Εισαγωγή-μετάφραση-σχόλια Βασιλείου Ταμιωλάκη

universal »[86], καθώς δεν ήταν όλες οι έδρες στα χέρια αληθινών μασόνων[87].

Τα ανεξάρτητα μέλη του Συμβουλίου συνήπταν ξεχωριστές συμφωνίες, και τα πράγματα έμοιαζε να ολισθαίνουν προς έναν ακόμη πόλεμο. Οι μυημένοι, τότε, αποφάσισαν να εγκαθιδρύσουν μια προσωπική εκτελεστική εξουσία, επιχορηγημένη με κάποιο σημαντικό κύρος. Ο κύριος υποψήφιος ήταν το κρυφό μέλος του τάγματος, « ο ερχόμενος άνδρας ». Ήταν ο μόνος άνδρας με μεγάλη παγκόσμια φήμη. Όντας από το επάγγελμά του ένας ικανός άνδρας του πυροβολικού και από την πηγή του εισοδήματός του ένας πλούσιος καπιταλιστής, ήταν ένας οικονομικός και στρατιωτικός άνδρας που διατηρούσε φιλικές σχέσεις με πολλούς. Σε μια άλλη, λιγότερο φωτισμένη εποχή, θα μπορούσε να τεθεί εναντίον του το γεγονός της υπερβολικά μυστηριώδους καταγωγής του. Η μητέρα του, μια κυρία αμφιβόλου φήμης, ήταν πολύ γνωστή και στα δύο ημισφαίρια, αλλά ο αριθμός των ανθρώπων που είχαν λόγους να τον θεωρήσουν γιό τους, ήταν μάλλον πολύ μεγάλος. Αυτές οι συνθήκες, ωστόσο, δεν μπορούσαν να έχουν βαρύτητα εκείνη την εποχή, η οποία ήταν τόσο προχωρημένη, σαν να ήταν, πραγματικά, η τελευταία. « Ο Ερχόμενος Άνδρας », σχεδόν ομόφωνα, εκλέχτηκε ισόβιος Πρόεδρος των Ηνωμένων Πολιτειών της Ευρώπης. Και, όταν εμφανίστηκε στην εξέδρα με όλη τη λάμψη της νέας υπεράνθρωπης ομορφιάς και δύναμης, και ανέπτυξε με την εμπνευσμένη του ευγλωττία το παγκόσμιο πρόγραμμά του, η συνέλευση παρασύρθηκε απ' τη γοητεία του, και σε ένα ξέσπασμα ενθουσιασμού αποφάσισε, μάλιστα χωρίς καν ψηφοφορία, να του απονείμει την ύψιστη τιμή, και να τον εκλέξει Ρωμαίο Αυτοκράτορα.

Η Σύνοδος έκλεισε μέσα σε γενική ευφορία, και ο μέγας εκλεγμένος ηγέτης δημοσίευσε ένα μανιφέστο, το οποίο

---

[86] Μόνιμη Οικουμενική Επιτροπή.
[87] Δεν είναι άσκοπο να σημειωθεί πως υπάρχουν διαφορές μεταξύ των διαφόρων μασονικών τύπων ή στοών. Επίσης, υπάρχουν πολλοί μασόνοι που παραμένουν στους αρχικούς μόνο βαθμούς της οργάνωσης και δεν ελέγχονται απ' τις ηγεσίες των στοών, διατηρώντας μια ανεξαρτησία σκέψης και δράσης.

Μέρος Β΄
Μια Μικρή Ιστορία για τον Αντίχριστο

άρχιζε με τα λόγια: « Έθνη του κόσμου! Σας δίνω την ειρήνη μου », και κατέληγε: « Έθνη του κόσμου! Οι υποσχέσεις εκπληρώθηκαν! Μια αιώνια παγκόσμια ειρήνη εξασφαλίστηκε. Κάθε προσπάθεια ανατροπής της θα συναντήσει μια αποφασισμένη και ακαταμάχητη αντίσταση, αφού μια δύναμη ανώτερη από όλες τις άλλες δυνάμεις, χωριστά ή όλες μαζί, είναι, τώρα, εγκαθιδρυμένη στη γη. Αυτή η ακατανίκητη και ικανή να υπερνικήσει τα πάντα δύναμη, ανήκει σε μένα, τον εξουσιοδοτημένο εκλεγμένο ηγέτη της Ευρώπης, τον Αυτοκράτορα όλων των δυνάμεών της. Διεθνής νόμος, επιτέλους, διασφάλισε την έγκριση, που τόσο καιρό έλειπε. Από τώρα και στο εξής, καμία δύναμη δεν θα τολμήσει να πει: " Πόλεμος ", όταν εγώ λέω: " Ειρήνη "! Λαοί του κόσμου, ειρήνη σε σας! ». Αυτό το μανιφέστο είχε το επιθυμητό αποτέλεσμα. Σε όλα τα μέρη, που βρίσκονταν εκτός της Ευρώπης, ιδιαίτερα στην Αμερική, σχηματίστηκαν ισχυρά αυτοκρατορικά κόμματα, τα οποία υποχρέωσαν τις κυβερνήσεις τους να προσχωρήσουν στις Ηνωμένες Πολιτείες της Ευρώπης, κάτω από την υπέρτατη εξουσία του Ρωμαίου Αυτοκράτορα.

Παρέμεναν, ακόμη, λίγες ανεξάρτητες φυλές και κάποια μικρά κράτη σε απομακρυσμένα μέρη της Ασίας και της Αφρικής. Όμως, ο Αυτοκράτορας μ' ένα μικρό αλλά επίλεκτο στρατό από ρωσικά, γερμανικά, πολωνικά, ουγγρικά και τουρκικά συντάγματα, ξεκίνησε μια στρατιωτική προέλαση απ' την Ανατολική Ασία στο Μαρόκο, και χωρίς πολλή αιματοχυσία υπέταξε όλα τα απείθαρχα κράτη. Σε όλες τις χώρες των δύο ημισφαιρίων εγκατέστησε αντιβασιλείς, που τους διάλεξε ανάμεσα στους τοπικούς αριστοκράτες, που είχαν σπουδάσει τον ευρωπαϊκό πολιτισμό και του ήταν πιστοί. Σ' όλες τις ειδωλολατρικές χώρες, οι τοπικοί πληθυσμοί, υπερβολικά εντυπωσιασμένοι και γοητευμένοι απ' την προσωπικότητά του, τον ανακήρυξαν ως τον ανώτερο Θεό τους.

Μέσα σ' ένα μόνο χρόνο μια πραγματική παγκόσμια μοναρχία με την αληθινή και αυθεντική έννοια του όρου εγκαθιδρύθηκε. Τα σπέρματα των πολέμων καταστράφηκαν ριζικά. Ο Παγκόσμιος Σύνδεσμος της Ειρήνης συναντήθηκε

Μια Μικρή Ιστορία για τον Αντίχριστο – V. SOLOVIEV
Εισαγωγή-μετάφραση-σχόλια Βασιλείου Ταμιωλάκη

για μια τελευταία φορά, και, με την εκφώνηση ενός επαινετικού πανηγυρικού προς τον Μεγάλο Ειρηνοποιό, διαλύθηκε, αφού δεν ήταν πια απαραίτητος.

Την παραμονή του δευτέρου χρόνου της βασιλείας του, ο Αυτοκράτωρ του κόσμου δημοσίευσε ένα νέο μανιφέστο: « Έθνη του κόσμου! Σας υποσχέθηκα ειρήνη, και σας την έδωσα. Αλλά η ειρήνη είναι ευχάριστη μόνο μέσα στο πλαίσιο της ευημερίας. Αυτός που τον καιρό της ειρήνης απειλείται από την ένδεια, δεν έχει καμία ευχαρίστηση στην ειρήνη. Καλώ, λοιπόν, όλους όσους κρυώνουν και πεινούν, να έρθουν σε μένα, κι εγώ θα τους δώσω φαγητό και ζεστασιά».

Τότε, εξήγγειλε μια απλή και περιεκτική κοινωνική μεταρρύθμιση, που είχε ήδη αναπτυχθεί στο βιβλίο του, και η οποία κατέκτησε όλα τα ευγενή και συνετά μυαλά. Τώρα, χάρη στη συγκέντρωση στα χέρια του των *πηγών του χρήματος* του κόσμου και *τεράστιων ιδιοκτησιών γης*, μπορούσε να θέσει σε εφαρμογή αυτή τη μεταρρύθμιση, σύμφωνα με τις επιθυμίες των φτωχών και χωρίς να προξενήσει μεγάλη ζημιά στους πλούσιους. Τώρα πια, ο καθένας πληρωνόταν ανάλογα με τις ικανότητές του, και κάθε ικανότητα ανταμειβόταν ανάλογα με το μόχθο και την αξία του παραγόμενου έργου.

Ο νέος κύριος του κόσμου, πριν από κάθε τί άλλο, ήταν ένας καλόκαρδος φιλάνθρωπος· και όχι μόνο φιλάνθρωπος, αλλά, ακόμη περισσότερο, ένας φιλόζωος. Ο ίδιος ήταν φυτοφάγος, απαγόρευε τη ζωοτομία[88], και θεσμοθέτησε μια αυστηρή εποπτεία επί των σφαγείων, ενώ, ταυτόχρονα, εταιρείες προστασίας ζώων λάμβαναν από αυτόν κάθε ενθάρρυνση.

Αλλά αυτό που στάθηκε πιο σημαντικό από αυτές τις λεπτομέρειες, ήταν πως η πιο θεμελιώδης μορφή ισότητας εγκαθιδρύθηκε, στέρεα, στην ανθρωπότητα, η ισότητα του παγκόσμιου κορεσμού. Αυτό έλαβε χώρα τον δεύτερο χρόνο της βασιλείας του.

---

[88] Πειραματική χειρουργική σε ζωντανά πειραματόζωα. Η συζήτηση γύρω από το αν η ζωοτομία είναι κάτι το ηθικό και το θεμιτό, ήταν έντονη την εποχή που έγραφε ο Σολόβιεφ.

Μέρος Β΄
Μια Μικρή Ιστορία για τον Αντίχριστο

Τα κοινωνικά και οικονομικά προβλήματα είχαν, οριστικά, διευθετηθεί. Αλλά αν η ικανοποίηση της πείνας είναι ένα ζήτημα πρωταρχικής σημασίας για τον πεινασμένο, όσοι έχουν ικανοποιήσει τις βασικές τους ανάγκες ποθούν κάτι διαφορετικό. Ακόμη και τα χορτάτα ζώα, συνήθως, επιθυμούν όχι μόνο να κοιμηθούν, αλλά και να παίξουν. Πολύ περισσότερο η ανθρωπότητα, η οποία πάντα μετά τον άρτο ποθούσε και θεάματα.

Ο Αυτοκράτορας-Υπεράνθρωπος κατάλαβε τί επιθυμούσε ο όχλος του. Εκείνο τον καιρό ένας μεγάλος μάγος, που περιβαλλόταν από ένα πυκνό σύννεφο από περίεργα γεγονότα και εξωφρενικές ιστορίες, τον επισκέφτηκε στη Ρώμη, προερχόμενος απ' την Άπω Ανατολή. Η φήμη που είχε απλωθεί μεταξύ των νεο-βουδιστών του απέδιδε θεϊκή καταγωγή απ' τον θεό του Ήλιου Suria και κάποια ποταμίσια νύμφη.

Αυτός ο μάγος, με το όνομα Απολλώνιος, ήταν, χωρίς αμφιβολία, ένας ιδιοφυής άνδρας. Μισός Ασιάτης και μισός Ευρωπαίος, ένας καθολικός επίσκοπος in partibus infidelium[89], συνδύαζε με τον πιο εντυπωσιακό τρόπο τη γνώση των τελευταίων συμπερασμάτων και εφαρμογών της δυτικής επιστήμης με την τέχνη της αξιοποίησης κάθε πράγματος που ήταν, αληθινά, έγκυρο και σημαντικό στον παραδοσιακό μυστικισμό της Ανατολής. Τα αποτελέσματα του συνταιριάσματος ήταν εκπληκτικά. Ο Απολλώνιος έμαθε ανάμεσα σε άλλα πράγματα την ημι-επιστημονική και ημι-μυστικιστική[90] τέχνη να ελκύει και να κατευθύνει με τη θέλησή του τον ατμοσφαιρικό ηλεκτρισμό, και ο κόσμος έλεγε γι' αυτόν πως μπορούσε να « κατεβάσει πυρ εκ του ουρανού »[91]. Ωστόσο, παρά το ότι ήταν ικανός να καταπλήσσει τη φαντασία του πλήθους με διάφορα ανήκουστα φαινόμενα, ο

---

[89] « σε περιοχές απίστων ».
[90] Σχετικά με την ποιότητα των ψευδοθαυμάτων του Αντιχρίστου, αν αυτά θα τελεστούν με τη δύναμη της επιστήμης ή με τη σατανική δύναμη βλ. τα σχόλια του Soloviev στον πρόλογο του έργου. Βλ. και Βασιλείου Ταμιωλάκη, *Η Διδασκαλία των Πατέρων της Εκκλησίας για τον Αντίχριστο*, Θεσσαλονίκη 2012, σελ. 382-388.
[91] Πρβλ. Απ. 13,13.

Μια Μικρή Ιστορία για τον Αντίχριστο – V. SOLOVIEV
Εισαγωγή-μετάφραση-σχόλια Βασιλείου Ταμιωλάκη

Απολλώνιος για κάποιο χρονικό διάστημα δεν έκανε κατάχρηση της δύναμής του για δικούς του εγωιστικούς σκοπούς. Ήταν αυτός ο άνδρας που πήγε στον μεγάλο Αυτοκράτορα και τον χαιρέτισε ως τον αληθινό γιό του Θεού. Του δήλωσε πως είχε ανακαλύψει στα μυστικιστικά βιβλία της Ανατολής ορισμένες προφητείες, που ολοφάνερα έδειχναν αυτόν, τον Αυτοκράτορα, ως τον τελευταίο σωτήρα και κριτή της οικουμένης, και του πρόσφερε τις υπηρεσίες του και όλη την τέχνη του. Ο Αυτοκράτορας, απόλυτα γοητευμένος από τον άνδρα, τον δέχτηκε σαν δώρο εξ ουρανού, τον κόσμησε με όλων των ειδών τους θαυμάσιους τίτλους και τον έκανε τον μόνιμο σύντροφό του. Έτσι, τα έθνη του κόσμου, αφού είχαν λάβει από τον κύριό τους παγκόσμια ειρήνη και καθολική κατάργηση της πείνας, τώρα έλαβαν και τη δυνατότητα της ατέρμονης διασκέδασης των πιο ξεχωριστών και ασυνήθιστων θαυμάτων. Έτσι, ήρθε το τέλος του τρίτου έτους της βασιλείας του Υπερανθρώπου.

Μετά την επιτυχή λύση των πολιτικών και κοινωνικών προβλημάτων, ήρθε στο προσκήνιο το ζήτημα της θρησκείας. Αυτό τέθηκε απ' τον ίδιο τον Αυτοκράτορα, και, αρχής γενομένης αναφορικά με τον Χριστιανισμό. Εκείνη την εποχή η κατάσταση του Χριστιανισμού ήταν η εξής: Οι Χριστιανοί είχαν σημαντικά μειωθεί σε αριθμό και μετά βίας έφταναν τα 45 εκατομμύρια σε ολόκληρο τον κόσμο[92]. Αλλά ηθικά ο

---

[92] Σ' αυτό το σημείο ο Σολόβιεφ διαψεύσθηκε. Βέβαια, επρόκειτο για κοινή αντίληψη στην Ευρώπη, στα τέλη του 19ου και στις αρχές του 20ου αιώνα, πως με την πάροδο του χρόνου η επιρροή του Χριστιανισμού θα μειωνόταν, σε αντίθεση με τον αθεϊσμό, που θα επικρατούσε. Πολλοί αγωνίστηκαν για κάτι τέτοιο. Fauyerbach, Comte, Nitze, Marx, Froyd, Lenin, Mao, ο κατάλογος είναι μακρύς. Τελικά, όλες οι προσπάθειες για εξαφάνιση του Χριστιανισμού απέβησαν άκαρπες και όλες οι σχετικές προβλέψεις διαψεύσθηκαν. Οι προπαγανδιστές του αθεϊσμού έχουν αποκαθηλωθεί από τα βάθρα τους και ο αθεϊσμός αντιμετωπίζεται μάλλον σαν μια θλιβερή παρένθεση του ευρωπαϊκού πολιτισμού. Σήμερα, ο χριστιανισμός είναι η πρώτη, αριθμητικά, θρησκεία στον κόσμο με τα μέλη του διαρκώς να αυξάνονται, ενώ ο αθεϊσμός υποστηρίζεται από μια ολοένα και περισσότερο συρρικνούμενη θλιβερή μειοψηφία. Βλ. Alister McGrath,

Μέρος Β΄
Μια Μικρή Ιστορία για τον Αντίχριστο

Χριστιανισμός κατόρθωσε αξιοσημείωτη πρόοδο, και κέρδισε σε ποιότητα ότι έχασε σε ποσότητα. Όσοι δεν συνδέονταν με τον Χριστιανισμό με κάποιο πνευματικό δεσμό, δεν καταχωρούνταν πια ανάμεσα στους Χριστιανούς.

 Οι διάφορες χριστιανικές ομολογίες μειώθηκαν σε αριθμούς περίπου το ίδιο, ώστε η σχέση αναλογίας μεταξύ τους διατηρήθηκε σχεδόν αμετάβλητη. Όσον αφορά τα μεταξύ τους συναισθήματα, η εχθρότητα δεν αντικαταστάθηκε εντελώς από τη φιλία, αλλά αμβλύνθηκε σημαντικά, και οι αιχμές της διαφωνίας έχασαν πολλή απ' την προηγούμενη οξύτητά τους. Η ηγεσία του παπισμού είχε από πολύ καιρό εκδιωχθεί από τη Ρώμη, και, μετά από μακρές περιπλανήσεις, βρήκε καταφύγιο στην Αγία Πετρούπολη, με τον όρο ότι θα απέφευγε την προπαγάνδα εκεί και σ' όλη τη χώρα.

 Στη Ρωσία ο παπισμός, σύντομα, απλοποιήθηκε σημαντικά. Διατηρώντας σχεδόν ίδιο τον αριθμό των κολλεγίων και των υπηρεσιών του, ήταν αναγκαίο να εμπνεύσει στο έργο τους πιο ένθερμο πνεύμα, και να περιορίσει στο ελάχιστο τις πομπώδεις τελετές και εθιμοτυπίες. Πολλές περίεργες και προκλητικές συνήθειες, παρά το ότι τυπικά δεν καταργήθηκαν, περιέπεσαν μόνες τους σε αχρηστία. Σ' όλες τις άλλες χώρες, ιδιαίτερα στη βόρεια Αμερική, το ρωμαιοκαθολικό ιερατείο διέθετε, ακόμη, πολλούς καλούς εκπροσώπους, που συνέχονταν από ισχυρή θέληση, αστείρευτη ενέργεια και ανεξάρτητο χαρακτήρα. Αυτοί οι ιερείς συνένωσαν την ρωμαιοκαθολική εκκλησία σε έναν συμπαγή οργανισμό, στενότερα ενωμένο σε σχέση με κάθε προηγούμενη εποχή, και διαφύλαξαν την διεθνή κοσμοπολίτικη σημασία της.

 Όσον αφορά τον προτεσταντισμό, που ακόμη καθοδηγούνταν από τη Γερμανία, ειδικά μετά την ένωση του μεγαλύτερου μέρους της αγγλικανικής εκκλησίας με την ρωμαιοκαθολική, αυτός είχε απελευθερωθεί από τις ακραίες αρνητικές τάσεις του, οι ακόλουθοι των οποίων ανοιχτά μετακινήθηκαν προς την παράταξη της θρησκευτικής

Το λυκόφως του αθεϊσμού, Η άνοδος και η πτώση της απιστίας στο σύγχρονο κόσμο, Εκδόσεις Ουρανός, Αθήνα 2008, κυρίως σελ. 233 κ. εξ.

Μια Μικρή Ιστορία για τον Αντίχριστο – V. SOLOVIEV
Εισαγωγή-μετάφραση-σχόλια Βασιλείου Ταμιωλάκη

αδιαφορίας και απιστίας. Η ευαγγελική εκκλησία τώρα περιείχε μόνο τους ειλικρινά θρησκευόμενους, των οποίων ηγούνταν άνδρες που συνδύαζαν μια τεράστια γνώση με ένα βαθύ θρησκευτικό συναίσθημα και έναν ολοένα αυξανόμενο πόθο να αναστήσουν μέσα τους το ζωντανό πνεύμα του αληθινού αρχαίου Χριστιανισμού.

Η ρωσική Ορθοδοξία, αφού πολιτικά γεγονότα άλλαξαν την επίσημη θέση της Εκκλησίας, έχασε πολλά εκατομμύρια των κάλπικων ονομαστικών μελών της. Αλλά κέρδισε τη χαρά της ένωσης με την καλύτερη μερίδα των παλαιοπιστών, και πολλών ακόμη από τους πραγματικά θρησκευόμενους σχισματικούς. Αυτή η αναζωογονημένη Εκκλησία, αν και δεν αύξανε σε αριθμούς, άρχισε να αναπτύσσεται σε δύναμη πνεύματος, η οποία γινόταν φανερή ιδιαίτερα στη μάχη της κατά των πολυάριθμων αιρετικών ομάδων, που είχαν ριζώσει ανάμεσα στο λαό και την κοινωνία, και δεν ήταν, εντελώς, απαλλαγμένες από δαιμονικά και σατανικά στοιχεία.

Κατά τη διάρκεια των δύο πρώτων ετών της νέας βασιλείας, όλοι οι Χριστιανοί, φοβισμένοι και κουρασμένοι απ' τον αριθμό των προηγούμενων επαναστάσεων και πολέμων, έστρεψαν το βλέμμα προς τον νέο τους κύριο και τις φιλειρηνικές μεταρρυθμίσεις του, εν μέρει με μια καλοπροαίρετη προσδοκία, και εν μέρει με έναν ανεπιφύλακτο, φιλικό, ακόμη και ένθερμο ενθουσιασμό.

Αλλά τον τρίτο χρόνο, αφού ο μεγάλος μάγος είχε κάνει την εμφάνισή του, σοβαροί φόβοι και αντιπάθεια άρχισαν να αναπτύσσονται στις σκέψεις πολλών Ορθοδόξων, ρωμαιοκαθολικών και προτεσταντών. Τα ευαγγελικά και αποστολικά κείμενα, που μιλούσαν για τον πρίγκηπα «του αιώνος τούτου» και τον Αντίχριστο, τώρα, διαβάζονταν πιο προσεκτικά και οδηγούσαν σε ζωηρά σχόλια. Ο Αυτοκράτορας, σύντομα, αντιλήφθηκε από κάποια σημάδια πως μια θύελλα προετοιμαζόταν, και αποφάσισε να αντιμετωπίσει το θέμα χωρίς καμία επιπλέον καθυστέρηση. Στην αρχή του τέταρτου χρόνου της βασιλείας του, δημοσίευσε ένα μανιφέστο προς όλους τους αληθινούς Χριστιανούς του, χωρίς να κάνει διάκριση ανάμεσα στις

Μέρος Β΄
Μια Μικρή Ιστορία για τον Αντίχριστο

εκκλησίες, καλώντας τους να εκλέξουν ή να ορίσουν εξουσιοδοτημένους αντιπροσώπους για την Παγκόσμια Σύνοδο, που επρόκειτο να συνεδριάσει υπό την προεδρία του. Εκείνη την εποχή, η αυτοκρατορική κατοικία είχε μεταφερθεί από τη Ρώμη στην Ιερουσαλήμ. Η Παλαιστίνη ήταν, ήδη, αυτόνομη επαρχία, που κατοικούνταν και διοικούνταν, κυρίως, από τους Εβραίους. Η Ιερουσαλήμ ήταν μια ελεύθερη και, τώρα, αυτοκρατορική πόλη. Τα χριστιανικά προσκυνήματα παρέμεναν άθικτα, αλλά πάνω στη μεγάλη εξέδρα του Όρους του Ναού (Χαραμ Ελ Σαρίφ[93]), που εκτεινόταν από το Birket-Israin[94] και το φρούριο[95] μέχρι το τέμενος Αλ Ακσά και τους Στάβλους του Σολομώντος, είχε ανεγερθεί ένα τεράστιο κτίριο, το οποίο ενσωμάτωνε, εκτός από τα δύο μικρά αρχαία τεμένη, έναν πελώριο αυτοκρατορικό ναό για την ένωση όλων των θρησκειών, και δύο πολυτελή αυτοκρατορικά παλάτια με βιβλιοθήκες, μουσεία και ειδικούς χώρους για μαγικά πειράματα και ασκήσεις.

Ήταν σ' αυτόν τον μισό ναό μισό παλάτι, που η Παγκόσμια Σύνοδος επρόκειτο να συνέλθει στις 14 Σεπτεμβρίου. Καθώς η ευαγγελική εκκλησία δεν είχε ιεραρχία με την κλασική έννοια του όρου, οι ρωμαιοκαθολικοί και ορθόδοξοι ιεράρχες, σε συμμόρφωση με την εκπεφρασμένη επιθυμία του Αυτοκράτορα, και προκειμένου να επιτευχθεί μια μεγαλύτερη ομοιομορφία στην εκπροσώπηση, αποφάσισαν να επιτρέψουν τη συμμετοχή στις εργασίες της Συνόδου ενός συγκεκριμένου αριθμού λαϊκών μελών. Ωστόσο, αφού επιτράπηκε σ' αυτούς τους λαϊκούς η συμμετοχή, φαινόταν αδύνατο να αποκλειστεί από τη Σύνοδο ο κλήρος, τόσο ο μοναχικός όσο και ο έγγαμος. Μ' αυτόν τον τρόπο, ο συνολικός αριθμός των μελών της Συνόδου ξεπέρασε τους

---

[93] Haram Al Sarif, « Το ευγενικό ιερό », έτσι ονομάζουν οι Μουσουλμάνοι το Όρος του Ναού.
[94] Το Birket Israin αποτελεί συντομογραφία της φράσης « Birket Asdat Beni Israil » (Πηγή των φυλών των τέκνων του Ισραήλ). Ήταν μια δημόσια δεξαμενή στη βορειοανατολική γωνία του Όρους του Ναού. Το 1934 επιχωματώθηκε. Σήμερα, η τοποθεσία είναι γνωστή ως πλατεία El Ghazali.
[95] Πρόκειται για το φρούριο « Αντωνία ».

Μια Μικρή Ιστορία για τον Αντίχριστο – V. SOLOVIEV
Εισαγωγή-μετάφραση-σχόλια Βασιλείου Ταμιωλάκη

τρεις χιλιάδες, ενώ, ταυτόχρονα, περίπου μισό εκατομμύριο Χριστιανοί προσκυνητές πλημμύρισαν την Ιερουσαλήμ και όλη την Παλαιστίνη. Ανάμεσα στα μέλη που παρίσταντο, τρεις άνδρες ξεχώριζαν ιδιαίτερα. Ο πρώτος ήταν ο Πάπας Πέτρος ο Β΄, ο οποίος με πραγματικό δικαίωμα ηγούνταν της ρωμαιοκαθολικής μερίδας της Συνόδου. Ο προκάτοχός του είχε πεθάνει, καθώς βρισκόταν στο δρόμο για τη Σύνοδο, και ένα κονκλάβιο συνήλθε στη Δαμασκό και, ομόφωνα, εξέλεξε Πάπα τον Καρδινάλιο Simone Barionini, ο οποίος πήρε το όνομα Πέτρος. Ο Πέτρος προερχόταν από λαϊκή γενιά, από την επαρχία της Naples, και είχε γίνει διάσημος ως ιεροκήρυκας του τάγματος των Καρμελιτών, έχοντας σημειώσει μεγάλη επιτυχία στην καταπολέμηση μιας συγκεκριμένης σατανικής σέκτας, η οποία απλωνόταν στην αγία Πετρούπολη και τα περίχωρά της, πλανώντας όχι μόνο Ορθοδόξους αλλά και ρωμαιοκαθολικούς επίσης.

Έχοντας, αρχικά, ανέλθει στην Αρχιεπισκοπή του Magilov, και, στη συνέχεια, στον θρόνο του Καρδιναλίου, έδειχνε απ' την αρχή πως προοριζόταν για την τιάρα. Ήταν ένας άνδρας πενήντα ετών, μεσαίου αναστήματος και γεροδεμένος, είχε κοκκινωπό πρόσωπο, γαμψή μύτη και πυκνά φρύδια. Είχε μια παρορμητική και ενθουσιώδη ιδιοσυγκρασία, μιλούσε με θέρμη και σαρωτικές χειρονομίες, και ενθουσίαζε μάλλον παρά έπειθε το ακροατήριό του. Ο νέος Πάπας δεν είχε καμία εμπιστοσύνη στον Αυτοκράτορα, και τον κοίταζε με βλέμμα αποδοκιμασίας, ιδιαίτερα αφ' ότου ο προηγούμενος Πάπας, υποκύπτοντας στις πιέσεις του Υπερανθρώπου, χειροτόνησε Καρδινάλιο τον Αυτοκρατορικό Καγκελάριο και Μέγα Μάγο του κόσμου, τον μυστηριώδη επίσκοπο Απολλώνιο, για την καθολική πίστη του οποίου ο Πέτρος είχε κάθε αμφιβολία, ενώ δεν είχε καμία αμφιβολία για το ότι ήταν απατεώνας.

Ο πραγματικός, αν και όχι επίσημος, ηγέτης των ορθοδόξων μελών ήταν ο Πρεσβύτερος Ιωάννης, πολύ καλά γνωστός στο ρωσικό λαό. Επίσημα, θεωρούνταν επίσκοπος που είχε αποσυρθεί, αλλά δεν ζούσε σε κάποιο μοναστήρι, όντας απασχολημένος με ταξίδια σε όλο τον κόσμο. Πολλές

Μέρος Β΄
Μια Μικρή Ιστορία για τον Αντίχριστο

θαυμαστές ιστορίες κυκλοφορούσαν γι' αυτόν. Κάποιοι άνθρωποι πίστευαν πως ήταν ο Feodor Kusmich, δηλαδή ο Τσάρος Αλέξανδρος ο Α΄, που είχε πεθάνει πριν τρεις αιώνες και, τώρα, είχε επανέλθει στη ζωή. Άλλοι προχωρούσαν ακόμη περισσότερο και υποστήριζαν πως ήταν ο πραγματικός Πρεσβύτερος Ιωάννης, δηλαδή ο Απόστολος Ιωάννης, ο οποίος δεν είχε πεθάνει ποτέ και επανεμφανίστηκε δημόσια στους έσχατους καιρούς. Ο ίδιος δεν έλεγε τίποτε για την προέλευσή του και τους χρόνους της νεότητάς του. Τώρα ήταν πολύ ηλικιωμένος αλλά ακμαίος, με λευκά μαλλιά και γένια, που είχαν ένα τόνο κιτρινωπής ή ακόμη και πρασινωπής απόχρωσης, ψηλός στο ανάστημα, λεπτός στο σώμα, αλλά με γεμάτα και ελαφρώς ρόδινα μάγουλα, ζωηρά σπινθηροβόλα μάτια και μια τρυφερή και καλοσυνάτη έκφραση στο πρόσωπο και τον λόγο του. Ήταν πάντοτε ντυμένος με λευκό ράσο και μανδύα.

Επικεφαλής των ευαγγελικών μελών της Συνόδου ήταν ο πολυμαθής Γερμανός θεολόγος, καθηγητής Ernst Pauli. Ήταν ένας κοντός, ρυτιδιασμένος ηλικιωμένος άνδρας, με ένα πελώριο τεράστιο μέτωπο, γαμψή μύτη και καλοξυρισμένο πηγούνι. Τα μάτια του ξεχώριζαν για την ασυνήθιστα έντονη, και, όμως, ταυτόχρονα, ευγενική έκφρασή τους. Συνεχώς έτριβε τα χέρια του, κουνούσε το κεφάλι του, έσμιγε αυστηρά τα φρύδια του και σούφρωνε τα χείλη του· ενώ, με τα μάτια του να αστράφτουν ολόκληρα, αναφωνούσε με τραχύτητα: «Έτσι! Όχι! Ναι! Το ίδιο!». Το ένδυμά του ήταν επίσημο λευκό κουστούμι, και μακρύ ποιμαντικό ράσο-παλτό, διακοσμημένο με τα εμβλήματα του βαθμού του αξιώματός του.

Η έναρξη της Συνόδου ήταν πολύ επιβλητική. Τα δύο τρίτα του τεράστιου ναού, που ήταν αφιερωμένος στην ένωση όλων των θρησκειών, ήταν καλυμμένα με έδρανα και άλλα καθίσματα για τα μέλη του Συνεδρίου. Το ένα τρίτο που απέμενε είχε καταληφθεί από μια υψηλή εξέδρα, πάνω στην οποία είχε τοποθετηθεί ο θρόνος του Αυτοκράτορα, ενώ άλλος ένας θρόνος, λίγο χαμηλότερα, προοριζόταν για τον Μέγα Μάγο, που ήταν, επίσης, και Καρδινάλιος–Αυτοκρατορικός Καγκελάριος. Πίσω από αυτούς τους θρόνους υπήρχαν σειρές από πολυθρόνες για τους υπουργούς, αυλικούς, και κρατικούς επισήμους, ενώ πιο πέρα υπήρχαν ακόμη μεγαλύτερες σειρές από πολυθρόνες, που δεν είχε αποκαλυφθεί για ποιούς προορίζονταν. Ο τελευταίος εξώστης είχε καταληφθεί απ' την ορχήστρα, ενώ στην παρακείμενη πλατεία είχαν εγκατασταθεί δύο αγήματα φρουρών και μια συστοιχία για θριαμβικούς χαιρετισμούς. Τα μέλη της Συνόδου είχαν ήδη παρακολουθήσει τις λειτουργίες στους διάφορους ναούς τους, και το άνοιγμα της Συνόδου επρόκειτο να έχει, αποκλειστικά, πολιτικό χαρακτήρα. Όταν ο Αυτοκράτορας, συνοδευόμενος από τον Μέγα Μάγο και την ακολουθία του, έκανε την είσοδό του, η ορχήστρα άρχισε να παίζει το « Εμβατήριο της Ενωμένης Ανθρωπότητας », το οποίο ήταν ο διεθνής ύμνος της Αυτοκρατορίας, και όλα τα μέλη σηκώθηκαν και, ανεμίζοντας τα καπέλα τους, ξέσπασαν σε ενθουσιώδεις επευφημίες: « Vivat! Hurrah! Hoch! »[96]

Ο Αυτοκράτορας, που στεκόταν δίπλα στο θρόνο και άπλωνε μπροστά το χέρι του με τον αέρα μεγαλόπρεπης γενναιοδωρίας, είπε με δυνατή και ευχάριστη φωνή: « Χριστιανοί όλων των δογμάτων! Αγαπημένοι μου υπήκοοι και αδελφοί! Απ' την αρχή της βασιλείας μου, την οποία ο Ύψιστος ευλόγησε με τόσο θαυμάσια και ένδοξα έργα, δεν είχα κανένα λόγο να είμαι δυσαρεστημένος με σας. Πάντα εκτελούσατε τα καθήκοντά σας, πιστοί στη θρησκεία και τη συνείδησή σας. Αλλά αυτό δεν είναι αρκετό για μένα. Η ειλικρινής αγάπη μου προς εσάς, αγαπημένοι μου αδελφοί, διψά για ανταπόκριση. Επιθυμώ να με αναγνωρίσετε ως τον αληθινό ηγέτη σας σε κάθε εγχείρημα που θα αναλάβω για την ευημερία της ανθρωπότητας, όχι απλά από αίσθημα υποχρέωσης, αλλά περισσότερο απ' την εγκάρδια αγάπη σας προς εμένα. Έτσι, τώρα, πέρα από ό,τι κάνω γενικά για όλους, πρόκειται να σας δείξω την ιδιαίτερη αγάπη μου. Χριστιανοί! Τί χάρη μπορώ να σας προσφέρω; Τί μπορώ να σας δώσω, όχι ως υπηκόους μου, αλλά ως μετόχους της ίδιας θρησκείας αδελφοί μου! Χριστιανοί! Πείτε μου τί είναι το πιο πολύτιμο

---

[96] « Να ζήσει! Ζήτω! Έτη πολλά! ».

Μέρος Β΄
Μια Μικρή Ιστορία για τον Αντίχριστο

πράγμα για σας στον Χριστιανισμό, ώστε να μπορέσω να κατευθύνω τις προσπάθειές μου προς αυτόν τον στόχο;

Σταμάτησε για λίγο, περιμένοντας απάντηση. Η αίθουσα ήταν γεμάτη από πνιχτές φωνές, που αντηχούσαν. Τα μέλη της Συνόδου συσκέπτονταν. Ο Πάπας Πέτρος, με θερμές χειρονομίες, εξηγούσε κάτι στους ακολούθους του. Ο καθηγητής Pauli κουνούσε το κεφάλι του και, αυστηρά, πλατάγιζε τα χείλη του. Ο Πρεσβύτερος Ιωάννης, σκύβοντας προς κάποιους ανατολικούς επισκόπους και μοναχούς, ήσυχα, προσπαθούσε να τους πείσει για κάτι.

Ο Αυτοκράτορας, αφού περίμενε για μερικά λεπτά, απευθύνθηκε ξανά στη Σύνοδο με τον ίδιο καλοσυνάτο τόνο, στον οποίο, ωστόσο, θα μπορούσε να βρεθεί μια μόλις και μετά βίας αισθητή νότα ειρωνείας: « Καλοί μου Χριστιανοί», είπε, « κατανοώ πόσο δύσκολο σας είναι να μου δώσετε μια άμεση απάντηση. Θα σας βοηθήσω και σε αυτό επίσης. Από αμνημονεύτων χρόνων, δυστυχώς, έχετε διασπαστεί σε διάφορες ομολογίες και δόγματα, ώστε, μόλις και μετά βίας, να έχετε, ίσως, μια κοινή επιδίωξη. Αλλά αν δεν μπορείτε να συμφωνήσετε μεταξύ σας, ελπίζω πως θα μπορέσω να συμφωνήσω με όλους σας, δείχνοντας προς όλα τα μέρη την ίδια αγάπη και την ίδια προθυμία να ικανοποιήσω την πραγματική επιθυμία του κάθε ενός από αυτά.

Καλοί Χριστιανοί! Γνωρίζω πως σε πολλούς, και όχι τους ελάχιστους ανάμεσά σας, το πιο πολύτιμο πράγμα στον Χριστιανισμό, είναι η πνευματική εξουσία με την οποία επιχορηγεί τους νόμιμους εκπροσώπους της, όχι βέβαια για προσωπικό τους όφελος, αλλά για το κοινό καλό, αφού σ' αυτή την εξουσία αναπαύονται σταθερά η ορθή πνευματική τάξη και η σωστή ηθική διδασκαλία, πράγματα τόσο απαραίτητα στον καθένα. Καλοί αδελφοί καθολικοί! Πόσο καλά κατανοώ την θεώρησή σας, και πόσο πολύ θα ήθελα να βασίσω την αυτοκρατορική μου δύναμη σ' αυτή την εξουσία του πνευματικού σας ηγέτη. Για να μη νομίσετε πως αυτό είναι απλή κολακεία και λόγια του αέρα, με τη μεγαλύτερη επισημότητα, διακηρύσσω: Με την αυτοκρατορική εξουσία μου, ο ανώτατος επίσκοπος όλων των καθολικών, ο Πάπας της Ρώμης, αποκαθίσταται από τώρα και στο εξής στον θρόνο του στη Ρώμη[97], με όλα τα προηγούμενα δικαιώματα και προνόμια του τίτλου και του θρόνου του, που δόθηκαν σε οποιοδήποτε χρόνο από τους προκατόχους μας, από τον Μέγα Κωνσταντίνο[98] και εξής.

Σε ανταπόδοση γι' αυτή μου τη δωρεά, αδελφοί καθολικοί, επιθυμώ να λάβω από σας μόνο την εσωτερική εγκάρδια αναγνώρισή μου ως του μόνου υπερασπιστή και προστάτη σας. Όποιος από τους εδώ παρόντες με αναγνωρίζει ως τέτοιο στην καρδιά και τη συνείδησή του, ας έρθει εδώ πάνω, σ' αυτή την πλευρά».

Και έδειξε προς τα άδεια καθίσματα στην εξέδρα. Και, αμέσως, όλοι σχεδόν οι ηγέτες της καθολικής εκκλησίας, καρδινάλιοι και επίσκοποι, το μεγαλύτερο μέρος των λαϊκών και πάνω από τους μισούς μοναχούς, φωνάζοντας με αγαλλίαση: « Gratias agimus! Domine! Salvum fac magnum imperatorem!»[99], ανέβηκαν στην εξέδρα, και, κλίνοντας ταπεινά τα κεφάλια τους στον Αυτοκράτορα, κάθισαν στις θέσεις τους.

Κάτω, ωστόσο, στο μέσο της αίθουσας, ευθύς και ακίνητος, σαν μαρμάρινο άγαλμα, έμεινε στη θέση του ο Πάπας Πέτρος ο Β΄. Όλοι αυτοί που πριν τον περιέβαλλαν, ήταν, τώρα, στην εξέδρα. Αλλά η ελάχιστη ομάδα των μοναχών και των λαϊκών, που παρέμειναν χαμηλά, τον πλησίασαν και τον περικύκλωσαν, δημιουργώντας μια πυκνή ομάδα γύρω του. Και μπορούσε κάποιος να ακούσει το

---

[97] Με την προσάρτηση της Ρώμης στο ιταλικό κράτος το 1870, και με τον ορισμό της ως πρωτεύουσάς του το 1871, τερματίστηκε η παπική πολιτική εξουσία. Ο Πάπας Πίος ο Θ΄ δεν αποδέχτηκε τη νέα πολιτική κατάσταση και κήρυξε τον εαυτό του εν διωγμώ. Το ίδιο έκαναν και οι διάδοχοί του μέχρι το 1929, οπότε και δημιουργήθηκε το κράτος του Βατικανού με τη συνθήκη του Λατερανού. Την εποχή που έγραφε ο Soloviev, η πολιτική κατάσταση του παπισμού ήταν μετέωρη.

[98] Αυτή η αναφορά παραπέμπει στην λεγόμενη « κωνσταντίνεια δωρεά », ένα κείμενο με προνόμια που υποτίθεται πως είχαν χορηγηθεί απ' τον Μέγα Κωνσταντίνο ειδικά στην εκκλησία της Ρώμης. Σήμερα, έχει αποδειχθεί πως το σχετικό κείμενο είναι ψευδεπίγραφο και μεταγενέστερο.

[99] « Ευχαριστούμε! Κύριε! Σωτηρία στον μεγάλο Αυτοκράτορα ».

Μέρος Β΄
Μια Μικρή Ιστορία για τον Αντίχριστο

μουρμουρητό που, χαμηλόφωνα, έβγαινε απ' τα χείλη τους: « Non praevalebunt, non praevalebunt portae inferni »[100].

Ρίχνοντας μια έκπληκτη ματιά στον ακίνητο Πάπα, ο Αυτοκράτορας ύψωσε ξανά τη φωνή του: « Καλοί αδελφοί! Γνωρίζω πως υπάρχουν ανάμεσά σας πολλοί για τους οποίους το πολυτιμότερο πράγμα στον Χριστιανισμό είναι η ιερά Παράδοση, τα αρχαία σύμβολα, οι αρχαίοι ύμνοι και προσευχές, οι εικόνες και το αρχαίο τελετουργικό. Πραγματικά, τί μπορεί να είναι πιο πολύτιμο για μια θρησκεύουσα ψυχή; Ας γνωρίζετε, λοιπόν, αγαπημένοι μου, πως σήμερα υπέγραψα το διάταγμα και έβαλα στην άκρη τεράστια ποσά χρημάτων για την ίδρυση στην ένδοξη αυτοκρατορική πόλη, την Κωνσταντινούπολη, ενός παγκόσμιου μουσείου χριστιανικής αρχαιολογίας, με το αντικείμενο της συλλογής, μελέτης και διάσωσης όλων των μνημείων της εκκλησιαστικής αρχαιότητας, και ειδικότερα της ανατολικής. Και σας ζητώ να εκλέξετε μια επιτροπή, για να επιλύσει μαζί μου τα μέτρα που πρέπει να εφαρμοστούν, ώστε η σύγχρονη ζωή, τα σύγχρονα ήθη και έθιμα να οργανωθούν, όσο είναι δυνατόν, σύμφωνα με τις παραδόσεις και τους θεσμούς της Αγίας Ορθόδοξης Εκκλησίας.

Ορθόδοξοι αδελφοί μου! Όσοι από εσάς βλέπετε με ευχαρίστηση αυτή την επιθυμία μου, και μπορείτε στην εσώτερη συνείδησή σας να με ονομάσετε πραγματικό ηγέτη και κύριο, εσείς ας έλθετε εδώ πάνω ».

Και, να, το μεγαλύτερο μέρος των ιεραρχών της Ανατολής και του Βορρά, και περισσότεροι από τους μισούς Ορθόδοξους κληρικούς, μοναχούς και λαϊκούς ανέβηκαν με χαρμόσυνα επιφωνήματα στην εξέδρα, ρίχνοντας καχύποπτα βλέμματα στους καθολικούς, που, ήδη, κάθονταν, περήφανα, στις θέσεις τους.

Αλλά ο Πρεσβύτερος Ιωάννης παρέμεινε στη θέση του και αναστέναξε δυνατά. Και, όταν το πλήθος που βρισκόταν γύρω του, μειώθηκε σημαντικά, άφησε την έδρα του και πήγε

---

[100] « Ου κατισχύσουσιν, ου κατισχύσουσιν πύλαι άδου ». Πρβλ. *Μθ.* 16,18, « Καγὼ δὲ σοι λέγω ὅτι συ εἶ Πέτρος, καὶ ἐπὶ ταύτη τῇ πέτρᾳ οἰκοδομήσω μου τὴν ἐκκλησίαν, καὶ πύλαι ἅδου οὐ κατισχύσουσιν αὐτῆς ».

προς τον Πάπα Πέτρο και την ομάδα του. Τον ακολούθησαν τα υπόλοιπα ορθόδοξα μέλη που δεν πήγαν στην εξέδρα.

Τότε, ο Αυτοκράτορας μίλησε ξανά: « Γνωρίζω, καλοί Χριστιανοί, πως υπάρχουν ανάμεσά σας, επίσης, αυτοί που εντοπίζουν τη μεγαλύτερη αξία στην προσωπική πίστη στην αλήθεια και την ελεύθερη έρευνα των Γραφών. Πώς το γνωρίζω αυτό; Δεν υπάρχει ανάγκη να επεκταθώ σ' αυτό το θέμα προς το παρόν. Γνωρίζετε, ίσως, πως ήδη την εποχή της νεότητάς μου, έγραψα ένα μεγάλο βιβλίο πάνω στην Υψηλή Κριτική[101], το οποίο εκείνη την εποχή ήγειρε πολλά σχόλια και έθεσε τα θεμέλια της δημοτικότητάς μου. Σε ανάμνηση αυτού, υποθέτω, το Πανεπιστήμιο της Τυβίγγης, πριν από λίγες ημέρες, μου ζήτησε να αποδεχθώ τον τίτλο του Διδάκτορος της Θεολογίας honoris causa[102]. Απάντησα πως τον αποδέχομαι με ευχαρίστηση και ευγνωμοσύνη.

Και, σήμερα, ταυτόχρονα με το διάταγμα του μουσείου της χριστιανικής αρχαιολογίας, υπέγραψα άλλο ένα διάταγμα, με το οποίο ιδρύεται ένα παγκόσμιο ινστιτούτο για την ελεύθερη έρευνα των Γραφών από όλες τις πλευρές και προς όλες τις κατευθύνσεις, και για τη μελέτη όλων των παραπλήσιων βοηθητικών επιστημών, για το οποίο χορηγείται ένα ετήσιο ποσό ενάμισι εκατομμυρίου μάρκων[103]. Καλώ όσους από εσάς βλέπετε με ειλικρινή ευχαρίστηση αυτή την πράξη της καλής θέλησής μου, και είστε σε θέση με πραγματική ευαρέσκεια να με αναγνωρίσετε ως τον υπέρτατο ηγέτη σας, να ανεβείτε εδώ πάνω, με τον νέο Δόκτωρα της Θεολογίας».

Ένα παράξενο αλλά δύσκολα αντιληπτό χαμόγελο άλλαξε το όμορφο στόμα του σπουδαίου άνδρα, όταν

---

[101] Βλ. υποσημείωση 30.
[102] « τιμής ένεκεν ».
[103] Το ποσό ήταν πολύ μεγάλο για την εποχή που γράφτηκε το κείμενο. Αρκεί να σημειωθεί πως το ετήσιο κατά κεφαλήν εισόδημα στη Γερμανία το 1900, που έγραφε ο Soloviev, ήταν 651 μάρκα (βλ. στη μελέτη της Twarog Sophia, « Heights and Living Standards in Germany, 1850-1939: The Case of Wurttemberg », στο έργο των Richard H. Steckel and Roderick Floud (Eds), *Health and Welfare during industrialization,* University of Chigago Press 1997, σελ. 290).

Μέρος Β΄
Μια Μικρή Ιστορία για τον Αντίχριστο

ολοκλήρωσε τον λόγο του. Περισσότεροι από τους μισούς μορφωμένους θεολόγους κινούνταν προς την εξέδρα, αν και κάπως αργά και διστακτικά. Όλοι κοίταξαν προς τον Καθηγητή Pauli, ο οποίος έδειχνε να έχει ριζώσει στη θέση του. Ο καθηγητής άφησε το κεφάλι του να πέσει κάτω, έσκυψε και έμεινε μαζεμένος.

Οι πολυμαθείς θεολόγοι, που είχαν ήδη ανέβει στην εξέδρα, έμοιαζαν να αισθάνονται πολύ άβολα, και, μάλιστα, ένας από αυτούς, ξαφνικά, κατέβασε το χέρι του σε μια κίνηση αποκήρυξης, πήδηξε κάτω, πέρα από τα σκαλιά, και έτρεξε κουτσαίνοντας προς τον καθηγητή Pauli και τα μέλη που παρέμεναν μαζί του. Εκείνη τη στιγμή, ο καθηγητής ύψωσε το κεφάλι του, σηκώθηκε όρθιος, σαν να μην έβλεπε κάτι συγκεκριμένο μπροστά του, και, στη συνέχεια, περπάτησε πέρα απ' τα άδεια έδρανα, συνοδευόμενος από τους προτεστάντες, που άντεξαν τον πειρασμό, και πήρε τη θέση του κοντά στον Πρεσβύτερο Ιωάννη και τον Πάπα Πέτρο, με τους ακολούθους τους. Το μεγαλύτερο μέρος των μελών, συμπεριλαμβανομένων σχεδόν όλων των ιεραρχών της Ανατολής και της Δύσης, βρισκόταν, τώρα, πάνω στην εξέδρα. Χαμηλά κάτω, παρέμεναν μόνο οι τρεις ομάδες των μελών, που, τώρα, είχαν έρθει πιο κοντά μεταξύ τους, και συνωθούνταν γύρω απ' τον Πρεσβύτερο Ιωάννη, τον Πάπα Πέτρο και τον καθηγητή Pauli.

Με θλιμμένη φωνή, ο Αυτοκράτορας απευθύνθηκε σ' αυτούς: « Τί άλλο μπορώ να κάνω για σας, περίεργοι άνθρωποι; Τί θέλετε από εμένα; Δεν μπορώ να καταλάβω. Πείτε μου οι ίδιοι, εσείς Χριστιανοί, εγκαταλειμμένοι από την πλειοψηφία των αδελφών και ηγετών σας, καταδικασμένοι απ' το δημόσιο αίσθημα: Τί είναι αυτό που θεωρείτε ως το πολυτιμότερο πράγμα στο Χριστιανισμό;

Και, τότε, ο Πρεσβύτερος Ιωάννης σηκώθηκε σαν ένα λευκό κερί, και είπε με ήσυχη φωνή: « Μεγάλε Ηγεμόνα! Αυτό που θεωρούμε πιο πολύτιμο στον Χριστιανισμό είναι ο ίδιος ο Χριστός. Αυτός ο ίδιος. Όλα τα υπόλοιπα πηγάζουν από Αυτόν, γιατί γνωρίζουμε πως σ' αυτόν " ενοικεῖ ἡ Θεότης σωματικῶς "¹⁰⁴. Αλλά, είμαστε έτοιμοι, κύριε, να δεχτούμε κάθε δώρο από εσένα επίσης, αν μόνο αναγνωρίζουμε το άγιο χέρι του Χριστού στη γενναιοδωρία σου. Η απερίφραστη απάντηση στο ερώτημά σου, τί μπορείς να κάνεις για μας, είναι η εξής: Εδώ, τώρα και μπροστά μας, επικαλέσου το όνομα του Ιησού Χριστού, του Υιού του Θεού, ο οποίος ήρθε εν σαρκί, αναστήθηκε, και θα ξαναέρθει, επικαλέσου το Όνομά Του, και θα σε δεχτούμε με αγάπη, σαν τον αληθινό πρόδρομο της Δευτέρας Του Παρουσίας». Ο πρεσβύτερος Ιωάννης τελείωσε τον λόγο του και κάρφωσε τα μάτια του στο πρόσωπο του Αυτοκράτορα.

Μια τρομακτική αλλαγή είχε έλθει πάνω στον Ερχόμενο Άνδρα. Μια κολασμένη θύελλα λυσσομανούσε μέσα του, σαν αυτήν που είχε δοκιμάσει εκείνη τη μοιραία νύχτα. Είχε, εντελώς, χάσει την ψυχική του ισορροπία, και συγκέντρωνε όλες τις σκέψεις του στο πώς θα διατηρήσει τον έλεγχο στην εμφάνισή του, ώστε να μην προδώσει τον εαυτό του, πριν την κατάλληλη στιγμή. Κατέβαλλε υπεράνθρωπες προσπάθειες να μην ριχτεί με άγριες κραυγές πάνω στον Πρεσβύτερο Ιωάννη και αρχίσει να τον ξεσκίζει με τα δόντια του.

Ξαφνικά, άκουσε μια οικεία απόκοσμη φωνή: « Μείνε σιωπηλός και μη φοβάσαι τίποτε »! Παρέμεινε σιωπηλός. Μόνο το πρόσωπό του, κάτωχρο σαν τον θάνατο, έμοιαζε παραμορφωμένο και τα μάτια του άστραφταν. Στο μεταξύ, ενόσω ο Πρεσβύτερος Ιωάννης μιλούσε ακόμη, ο μέγας μάγος, τυλιγμένος στον φαρδύ τριών χρωμάτων μανδύα του, ο οποίος κάλυπτε σχεδόν ολόκληρο το πορφυρό των καρδιναλίων ένδυμα, μπορούσε να φανεί πως ήταν απασχολημένος κάνοντας κάτι κάτω απ' αυτόν. Τα μάτια του ήταν προσηλωμένα και αστραφτοκοπούσαν, και τα χείλη του κινούνταν ελαφρά. Μπορούσε να φανεί μέσα απ' τα ανοιχτά παράθυρα του ναού πως ένα τεράστιο μαύρο σύννεφο κάλυπτε τον ουρανό, και, σύντομα, έπεσε ένα απόλυτο σκοτάδι.

---

[104] Πρβλ. *Κολ.* 2,9, « ὅτι ἐν αὐτῷ κατοικεῖ πᾶν τὸ πλήρωμα τῆς Θεότητος σωματικῶς ».

Μέρος Β΄
Μια Μικρή Ιστορία για τον Αντίχριστο

Ο Πρεσβύτερος Ιωάννης, έκπληκτος και φοβισμένος, κοίταξε επίμονα το πρόσωπο του σιωπηλού Αυτοκράτορα. Ξαφνικά αναπήδησε πίσω, και, γυρνώντας προς τους ακολούθους του, φώναξε με πνιχτή φωνή: « Τεκνία μου, είναι ο Αντίχριστος ».

Εκείνη τη στιγμή, ένας φοβερός κεραυνός, που συνοδεύτηκε από μια εκκωφαντική βροντή, άστραψε μέσα στο ναό και χτύπησε τον Πρεσβύτερο Ιωάννη. Για ένα δευτερόλεπτο όλοι στάθηκαν σαν χαμένοι, και, όταν οι Χριστιανοί, που είχαν κουφαθεί προσωρινά, ανέκτησαν τις αισθήσεις τους, μπόρεσαν να δουν πως ο Πρεσβύτερος Ιωάννης ήταν ξαπλωμένος νεκρός στο δάπεδο.

Ο Αυτοκράτορας, ωχρός αλλά ήρεμος, απευθύνθηκε στη συνάθροιση: « Γίνατε μάρτυρες της κρίσης του Θεού. Δεν επιθυμώ να στερήσω τη ζωή από κανένα, αλλά έτσι ο Ουράνιος Πατέρας εκδικείται τον αγαπημένο του υιό. Τέλειωσε. Ποιος θα εναντιωθεί στη θέληση του Υψίστου; Γραμματείς σημειώστε: Η Οικουμενική Σύνοδος όλων των Χριστιανών, αφού ένας αναίσθητος πολέμιος της θεϊκής μεγαλειότητας χτυπήθηκε από πυρ που κατέβηκε απ' τον ουρανό, αναγνώρισε ομόφωνα τον Ηγεμόνα Αυτοκράτορα της Ρώμης και όλου του σύμπαντος ως Υπέρτατο Ηγέτη και Κύριο ».

Ξαφνικά, μια φωνή βροντερή και ξεκάθαρη, διέτρεξε από πέρα ως πέρα τον ναό. « Contradicatur »[105]. Ο Πάπας Πέτρος ο Β΄ σηκώθηκε, και, με κόκκινο από την οργή πρόσωπο, και το σώμα του να τρέμει από αγανάκτηση, σήκωσε ψηλά τη ράβδο του στην κατεύθυνση του Αυτοκράτορα. « Ο μόνος Κύριός μας », φώναξε, « είναι ο Ιησούς Χριστός, ο Υιός του Θεού του Ζώντος. Και όποιος και αν είσαι εσύ, άκου τώρα αμέσως. Φύγε μακριά! Εσύ Κάιν, εσύ φονιά! Εξαφανίσου εσύ, ενσάρκωση του Διαβόλου! Στο όνομα του Χριστού, εγώ, ο υπηρέτης των υπηρετών του Θεού, για πάντα σε αποπέμπω, εσένα ρυπαρέ σκύλε, απ' τις αυλές του Θεού, και σε πετώ έξω, στον πατέρα σου τον Σατανά! Ανάθεμα! Ανάθεμα! Ανάθεμα! ».

---

[105] « Υπάρχει ένσταση ».

Μια Μικρή Ιστορία για τον Αντίχριστο – V. SOLOVIEV
Εισαγωγή-μετάφραση-σχόλια Βασιλείου Ταμιωλάκη

Ενόσω ο Πάπας Πέτρος μιλούσε, ο μέγας μάγος κινούνταν συνεχώς μέσα στον μανδύα του, και, δυνατότερα από το τελευταίο « Ανάθεμα », βρόντηξε ο κεραυνός, και ο τελευταίος Πάπας έπεσε νεκρός στο δάπεδο. « Έτσι πεθάνετε όλοι οι εχθροί μου από το χέρι του πατέρα μου », ούρλιαξε ο Αυτοκράτορας. « Pereant Pereant »[106], αναφώνησαν, τρέμοντας, οι εκκλησιαστικοί ηγέτες. Ο Αυτοκράτορας γύρισε πίσω, και, υποστηριζόμενος από τον Μέγα Μάγο, και συνοδευόμενος από όλο το πλήθος του, αργά περπάτησε προς την πόρτα που βρισκόταν στο πίσω μέρος της εξέδρας.

Εκεί στο ναό παρέμειναν μόνο οι νεκροί και μια μικρή ομάδα από Χριστιανούς, μισοπεθαμένους από το φόβο. Το μόνο πρόσωπο που δεν έχασε την αυτοκυριαρχία του ήταν ο καθηγητής Pauli. Ο γενικός τρόμος φαινόταν να έχει ξυπνήσει μέσα του όλες τις δυνάμεις του πνεύματός του. Μέχρι και η εμφάνισή του άλλαξε. Η όψη του έγινε ευγενής και εμπνευσμένη. Με αποφασιστικά βήματα ανέβηκε στην εξέδρα, πήρε ένα από τα καθίσματα, στα οποία, προηγουμένως, κάθονταν μερικοί κρατικοί αξιωματούχοι, και άρχισε να γράφει σε ένα φύλλο χαρτιού.

Όταν τέλειωσε, σηκώθηκε και διάβασε με δυνατή φωνή: « Προς δόξαν του μοναδικού Σωτήρα μας, Ιησού Χριστού! Η Οικουμενική Σύνοδος των εκκλησιών του Κυρίου, που συνήλθε στην Ιερουσαλήμ, αφού ο φίλτατος αδελφός Ιωάννης, ο εκπρόσωπος του Χριστιανισμού της Ανατολής, ξεσκέπασε τον αρχι-απατεώνα και εχθρό του Θεού ως τον πραγματικό Αντίχριστο, που προφητεύτηκε στον λόγο του Θεού, και αφού ο φίλτατος πατέρας Πέτρος, ο εκπρόσωπος του Χριστιανισμού της Δύσης, νόμιμα και δίκαια τον απέβαλε για πάντα από την εκκλησία του Θεού, τώρα ενώπιον των νεκρών των δύο μαρτύρων του Χριστού, που φονεύτηκαν για την αλήθεια, αποφασίζει: Να διακόψει κάθε επικοινωνία με τον αφορισμένο και το ρυπαρό πλήθος του, να μεταβεί στην έρημο και να αναμένει τη βέβαιη έλευση του πραγματικού κυρίου μας, του Ιησού Χριστού ». Το πλήθος κυριεύτηκε από ενθουσιασμό, και δυνατά επιφωνήματα μπορούσαν ν'

---

[106] « Να χαθούν, να χαθούν ».

Μέρος Β΄
Μια Μικρή Ιστορία για τον Αντίχριστο

ακουστούν απ' όλες τις πλευρές. « Adveniat! Adveniat cito! Komm, Herr Jesu, komm! Come Lord Jesus Christ! »[107].

Ο καθηγητής Pauli έγραψε ξανά και διάβασε: « Αποδεχόμενοι ομόφωνα αυτή την πρώτη και τελευταία πράξη της τελευταίας Οικουμενικής Συνόδου, υπογράφουμε με τα ονόματά μας». Και σ' αυτό το σημείο προσκάλεσε όλους όσους ήταν παρόντες, να υπογράψουν. Όλοι έσπευσαν στην εξέδρα και υπέγραψαν με τα ονόματά τους. Και τελευταία στον κατάλογο ήταν με μεγάλους γοτθικούς χαρακτήρες η υπογραφή: « Duorum defunctorum testium locum tenens Ernst Pauli »[108]. « Τώρα, ας αναχωρήσουμε με την κιβωτό της τελευταίας Διαθήκης », είπε, δείχνοντας τους δύο νεκρούς. Οι νεκροί τοποθετήθηκαν σε φορεία. Αργά, ψάλλοντας ύμνους στη λατινική, γερμανική και εκκλησιαστική σλαβονική γλώσσα, οι Χριστιανοί βάδισαν προς την πύλη που οδηγούσε έξω από το όρος του Ναού. Εκεί, την πομπή σταμάτησε ένας από τους αξιωματούχους του Αυτοκράτορα, ο οποίος συνοδευόταν από ένα απόσπασμα φρουρών. Οι στρατιώτες παρέμειναν στην πύλη, ενόσω ο αξιωματούχος διάβαζε: « Κατά διαταγή της θείας μεγαλειότητας. Για τη διαφώτιση του χριστιανικού λαού και για την ασφάλειά του από μοχθηρούς ανθρώπους, που διασπείρουν αναταραχή και πειρασμούς, κρίνουμε απαραίτητη την απόφαση: τα πτώματα των δύο ταραχοποιών, που σκοτώθηκαν από ουράνιο πυρ, να εκτεθούν δημόσια στην οδό των Χριστιανών (Harem-en-Nasara), στην είσοδο του κεντρικού ναού αυτής της θρησκείας, που ονομάζεται Άγιος Τάφος του Κυρίου, και, επίσης, Ναός της Αναστάσεως, ώστε ο καθένας να μπορεί να καταπειστεί πως αυτοί είναι, πράγματι, νεκροί. Οι πείσμονες οπαδοί τους, που με οργή απορρίπτουν όλες τις ευεργεσίες μας και, παράλογα, κλείνουν ερμητικά τα μάτια τους στα αδιαμφισβήτητα σημεία της ίδιας της θεότητας, βρίσκονται, χάρη στο έλεος και τη δωρεά μας, ενώπιον του Ουρανίου Πατέρα μας, απαλλαγμένοι από ένα θάνατο απ' το ουράνιο πυρ, που πολύ περισσότερο

---

[107] « Έρχεται! Έρχεται σύντομα! Έρχου Κύριε Ιησού Χριστέ! ».
[108] « Ο αντικαταστάτης των δύο μαρτύρων του Θεού που έχουν πεθάνει, Ernst Pauli ».

τους πρέπει, και αφήνονται να πράξουν κατά την ελεύθερη προαίρεσή τους, με τη μοναδική απαγόρευση, απαραίτητη για το κοινό καλό, της παραμονής τους σε πόλεις και άλλες κατοικημένες περιοχές, ώστε να μην ενοχλούν και πειράζουν αθώους, απλούς ανθρώπους με τις μοχθηρές φαντασιώσεις τους ». Αφού ο αξιωματούχος τέλειωσε την ανάγνωση, οκτώ στρατιώτες, με το νεύμα του αξιωματικού, εμφανίστηκαν με φορεία για τα σώματα.

« Ας εκπληρωθεί ο λόγος που έχει γραφεί », είπε ο καθηγητής Pauli. Και οι Χριστιανοί που κρατούσαν τα φορεία, σιωπηλά τα έδωσαν στους στρατιώτες, οι οποίοι απομακρύνθηκαν με αυτά μέσα από τη βορειοδυτική πύλη, ενώ οι Χριστιανοί έφυγαν από τη βορειοανατολική πύλη και περπάτησαν γρήγορα από την πόλη πέρα από το όρος των Ελαιών προς την Ιεριχώ, κατά μήκος του δρόμου, που, με την παρέμβαση χωροφυλάκων και δύο αποσπασμάτων ιππικού, προηγουμένως, είχε εκκενωθεί από άλλους ανθρώπους. Αποφασίστηκε να περιμένουν μερικές μέρες στους έρημους λόφους κοντά στην Ιεριχώ.

Το επόμενο πρωί, φίλοι Χριστιανοί προσκυνητές ήρθαν από την Ιερουσαλήμ και τους είπαν τί είχε συμβεί στη Σιών. Μετά το δείπνο στο ανάκτορο, όλα τα μέλη της Συνόδου προσκλήθηκαν σε μια τεράστια θρονική αίθουσα κοντά στην υποτιθέμενη τοποθεσία του θρόνου του Σολομώντα, και ο Αυτοκράτορας, απευθυνόμενος στους αντιπροσώπους της ρωμαιοκαθολικής ιεραρχίας, τους είπε πως η ευημερία της εκκλησίας τους, ξεκάθαρα, απαιτούσε από αυτούς την άμεση εκλογή ενός αξιόλογου διαδόχου του αποστάτη Πέτρου, πως υπό τις παρούσες συνθήκες η εκλογή έπρεπε να είναι συνοπτική, πως η παρουσία αυτού, του Αυτοκράτορα, ως ηγέτη και εκπροσώπου όλου του χριστιανικού κόσμου, θα μπορούσε επαρκώς να αναπληρώσει τις αναπόφευκτες παραλείψεις στο τελετουργικό, και πως αυτός, εκ μέρους όλων των Χριστιανών, πρότεινε στην ιερά συνάθροιση των εκλεκτόρων να εκλέξει τον αγαπημένο φίλο και αδελφό του Απολλώνιο, ώστε η στενή φιλία τους, στέρεα και ακατάλυτα να ενώσει την Εκκλησία και την Πολιτεία για την κοινή ωφέλεια και των δύο. Η ιερά συνάθροιση των εκλεκτόρων

Μέρος Β΄
Μια Μικρή Ιστορία για τον Αντίχριστο

αποσύρθηκε σ' έναν ξεχωριστό χώρο για να συνεδριάσει, και σε μιάμιση ώρα επέστρεψε με τον νέο της Πάπα, τον Απολλώνιο. Στο μεταξύ, ενώ διεξαγόταν η εκλογή, ο Αυτοκράτορας με πραότητα, σύνεση και ευφράδεια έπειθε τους Ορθόδοξους και ευαγγελικούς αντιπροσώπους να βάλουν, εν όψει της νέας σπουδαίας εποχής στη χριστιανική ιστορία, ένα τέλος στις παλιές διχόνοιές τους, δίνοντας τον λόγο του πως ο Απολλώνιος θα ήταν ικανός να καταργήσει όλες τις καταχρήσεις της παπικής εξουσίας, που είναι γνωστές στην ιστορία. Πεισμένοι από αυτή την ομιλία οι ορθόδοξοι και προτεστάντες αντιπρόσωποι σχεδίασαν πρόχειρα μια πράξη ένωσης όλων των εκκλησιών, και όταν ο Απολλώνιος με τους Καρδινάλιους εμφανίστηκαν στην αίθουσα, έγιναν δεκτοί με κραυγές ενθουσιασμού απ' όλους τους παρισταμένους. Ένας Έλληνας επίσκοπος και ένας ευαγγελικός πάστορας του παρουσίασαν το κείμενο. « Accipio et approbo et laetificatur cor meum »[109], είπε ο Απολλώνιος, υπογράφοντάς το. « Είμαι τόσο ένας αληθινός Ορθόδοξος και προτεστάντης, όσο είμαι και αληθινός καθολικός », προσέθεσε, και αντάλλαξε φιλικούς ασπασμούς με τον Έλληνα και τον Γερμανό. Ύστερα, πήγε στον Αυτοκράτορα, ο οποίος τον αγκάλιασε και τον κράτησε στα χέρια του για πολλή ώρα.

Εκείνη τη στιγμή, γλώσσες πυρός άρχισαν να ξεπηδούν ολόγυρα στο παλάτι και τον ναό, θέριεψαν και μεταμορφώθηκαν σε φωτεινές μορφές περίεργων όντων. Άνθη, τέτοια που ποτέ πριν δεν είχαν φανεί, κατέβηκαν από ψηλά, γεμίζοντας τον αέρα με ένα άγνωστο άρωμα. Μαγευτικές μελωδίες ακούγονταν, μελωδίες που προέρχονταν από ασυνήθιστα μουσικά όργανα και ανατάραζαν τα εσώτατα βάθη της ψυχής, ενώ, ταυτόχρονα, αγγελικές φωνές τραγουδιστών, που δεν φαίνονταν, υμνούσαν τη δόξα των νέων κυρίων του ουρανού και της γης. Ξαφνικά, ένας τρομερός υπόγειος θόρυβος ακούστηκε στη βορειοδυτική γωνία του παλατιού, κάτω απ' το « Kubbet-el-Aruah », δηλαδή « το στέμμα των ψυχών », όπου, σύμφωνα με τη

---

[109] « Αποδέχομαι και εγκρίνω και εγκάρδια χαίρομαι ».

Μια Μικρή Ιστορία για τον Αντίχριστο – V. SOLOVIEV
Εισαγωγή-μετάφραση-σχόλια Βασιλείου Ταμιωλάκη

μουσουλμανική παράδοση, ήταν κρυμμένη η είσοδος στην Κόλαση[110].

Όταν η συνάθροιση, μετά από πρόσκληση του Αυτοκράτορα, πήγε σ' αυτή την άκρη, το μόνο που μπορούσαν να ακούσουν καθαρά ήταν αμέτρητες φωνές, λεπτές και διαπεραστικές – θα μπορούσαν να είναι είτε παιδικές είτε διαβολικές – που ανέκραζαν: « Έφτασε η ώρα, ελευθερώστε μας αγαπημένοι σωτήρες, ακριβοί σωτήρες! ». Αλλά, όταν ο Απολλώνιος, γονατίζοντας στο έδαφος, φώναξε κάτι προς τα κάτω σε μια άγνωστη γλώσσα τρεις φορές, οι φωνές έσβησαν και ο υπόγειος θόρυβος κόπασε.

Στο μεταξύ, ένα απέραντο πλήθος περικύκλωσε το Haram-esh-Sheriff απ' όλες τις πλευρές. Σκοτάδι έπεσε, ο Αυτοκράτορας με τον νέο Πάπα βγήκαν πάνω στην ανατολική εξέδρα, και αυτό στάθηκε το σύνθημα για μια θύελλα επευφημιών. Ο Αυτοκράτορας υποκλίθηκε με προσήνεια στο πλήθος γύρω, ενώ ο Απολλώνιος, παίρνοντας από τα τεράστια

---

[110] Το « στέμμα των ψυχών » ή « πηγάδι των ψυχών » βρίσκεται, σύμφωνα με την μουσουλμανική παράδοση, κάτω απ΄ τον ιερό βράχο (foundation stone), που με τη σειρά του υπάρχει κάτω απ' τον θόλο του τεμένους του Ομάρ. Αυτός ο βράχος, σύμφωνα πάντα με τη συγκεκριμένη παράδοση, θεωρείται ο ομφαλός της γης και ο βράχος, πάνω στον οποίο ο Αβραάμ θα θυσίαζε τον Ισαάκ αλλά και απ' όπου ο Μωάμεθ αναλήφθηκε στον ουρανό. Αξίζει να σημειωθεί πως από πολλούς θεωρείται πως πάνω σ' αυτόν τον βράχο βρίσκονταν τα Άγια των Αγίων του Ναού του Σολομώντος. Κάτω από αυτόν τον βράχο βρίσκεται σπήλαιο, το οποίο επισκέπτονται οι διάφοροι προσκυνητές. Σύμφωνα με ιουδαϊκές παραδόσεις, που καταγράφονται για πρώτη φορά τον 12-13ο αιώνα, κάτω απ' το σπήλαιο είναι η άβυσσος και τα νερά του κατακλυσμού, ενώ, σύμφωνα με τη μουσουλμανική παράδοση, είναι η άβυσσος και τα νερά του παραδείσου. Στο σπήλαιο ακούγεται ένας συριγμός, σαν ψίθυρος, που οι Μουσουλμάνοι θεωρούν πως είναι οι προσευχές των αγίων ψυχών, που προσεύχονται και περιμένουν το τέλος του κόσμου. Ως αιτία αυτών των παραδόσεων θεωρείται το γεγονός πως το σπήλαιο ηχεί σαν κούφιο, όταν το χτυπά κανείς, αλλά και ο συριγμός, που, πράγματι, κατά καιρούς ακούγεται και τον οποίο αρχαιολόγοι όπως ο Charles Warren απέδωσαν σε ηχώ που δημιουργείται εξ αιτίας κάποιας σχισμής στον βράχο. Εκτεταμένες αρχαιολογικές έρευνες δεν έχουν πραγματοποιηθεί στο χώρο. Ο Soloviev θεωρεί πως σ' αυτό το σπήλαιο υπάρχει κάτι σαν πύλη για την Κόλαση.

Μέρος Β΄
Μια Μικρή Ιστορία για τον Αντίχριστο

καλάθια που είχαν φέρει οι καρδινάλιοι διάκονοι[111], πετούσε συνεχώς στον αέρα θαυμάσια πυροτεχνήματα, φωτοβολίδες και σιντριβάνια φωτιάς, κάνοντάς τα να αναφλεγούν, με μόνο το άγγιγμα του χεριού του. Αυτά πότε σελάγιζαν σαν φωσφορίζοντα περιδέραια από μαργαριτάρια, και πότε σπινθηροβολούσαν με όλα τα χρώματα της ίριδας. Όλοι οι σπινθήρες, φτάνοντας στο έδαφος, μεταμορφώνονταν σε αναρίθμητα ποικίλων χρωμάτων φύλλα που περιείχαν πλήρεις και απόλυτες « αφέσεις »[112] όλων των αμαρτιών, παλαιών, τωρινών και μελλοντικών.

Η λαϊκή αγαλλίαση ξεπέρασε κάθε όριο. Είναι αλήθεια ότι υπήρχαν κάποιοι που μαρτύρησαν πως είχαν δει, με τα ίδια τους τα μάτια, αυτά τα συγχωροχάρτια να μετατρέπονται σε απαίσια φίδια και βατράχους. Αλλά η συντριπτική πλειοψηφία του λαού ήταν βαθύτατα ευχαριστημένη, και οι λαϊκοί πανηγυρισμοί συνεχίστηκαν ακόμη μερικές ημέρες. Τα θαύματα του νέου Πάπα, τώρα, υπερέβαιναν κάθε φαντασία, ώστε θα ήταν μάταιο ακόμη και να επιχειρήσει κανείς μια περιγραφή τους.

Εν τω μεταξύ, στους έρημους λόφους της Ιεριχούς οι Χριστιανοί επιδίδονταν με αφοσίωση σε προσευχή και νηστεία. Την νύκτα της τέταρτης ημέρας, ο καθηγητής Pauli, με εννιά έμπιστούς του, επιβαίνοντας σε όνους και έχοντας ένα κάρο μαζί τους, πέτυχαν να μπουν στην Ιερουσαλήμ και, περνώντας μέσα από παράπλευρες οδούς από το Haram-esh-Sheriff στο Haret-en-Nasara, έφτασαν στην είσοδο του ναού της Αναστάσεως, μπροστά απ' τον οποίο, στο πλακόστρωτο, κείτονταν ξαπλωμένα τα σώματα του Πάπα Πέτρου και του Πρεσβυτέρου Ιωάννου. Ο δρόμος ήταν έρημος εκείνη την ώρα της νύχτας, καθώς όλοι είχαν πάει στο Haram-esh-Sheriff. Οι φρουροί αποκοιμήθηκαν γρήγορα.

Η ομάδα που έφτασε για τα σώματα, τα βρήκε απείραχτα από αποσύνθεση, ούτε καν δύσκαμπτα ή βαριά. Τα τοποθέτησαν στα φορεία, και τα κάλυψαν με τα ρούχα που

---

[111] Οι καρδινάλιοι διάκονοι κατέχουν την κατώτερη θέση στην ιεραρχία των καρδιναλίων.
[112] « συγχωροχάρτια ».

είχαν φέρει μαζί τους. Στη συνέχεια, απ' την ίδια κυκλική διαδρομή επέστρεψαν στους μαθητές τους. Μόλις που είχαν χαμηλώσει τα φορεία προς το έδαφος, όταν, ξαφνικά, πνοή ζωής φάνηκε να ξαναμπαίνει στα νεκρά σώματα. Κινήθηκαν ελαφρά, σαν οι δύο μάρτυρες να προσπαθούσαν να αποτινάξουν τους μανδύες, στους οποίους ήταν τυλιγμένοι. Με ξεφωνητά χαράς όλοι τους προσέφεραν βοήθεια, και, σύντομα, οι δύο αναζωογονημένοι άνδρες στάθηκαν στα πόδια τους σώοι και αβλαβείς.

Τότε ο Πρεσβύτερος Ιωάννης είπε: « Ω, αγαπητοί μου, δεν χωριστήκαμε τελικά. Θα σας πω το εξής: Είναι ώρα να εκπληρώσουμε την τελική προσευχή του Χριστού για τους μαθητές του, ότι θα έπρεπε να είναι όλοι ένα, όπως Αυτός ο ίδιος είναι ένα με τον Πατέρα. Γι' αυτή την εν Χριστώ ενότητα, ας τιμήσουμε τον αγαπητό αδελφό Πέτρο. Ας ποιμάνει, επιτέλους, αυτός τα αρνία του Χριστού. Έλα, αδελφέ! Και αγκάλιασε τον Πέτρο.

Τότε, ο καθηγητής Pauli πλησίασε: « Tu est Petrus »[113], είπε στον Πάπα, « τώρα αυτό έχει απόλυτα αποδειχθεί και έχει τεθεί πέρα από κάθε αμφισβήτηση ». Και έσφιξε το χέρι του Πέτρου δυνατά με το δεξί του χέρι, ενώ άπλωνε το αριστερό του χέρι προς τον Ιωάννη, λέγοντας: « Τώρα, λοιπόν, αγαπητέ Πατέρα, τώρα είμαστε ένα εν Χριστώ ».

Μ' αυτόν τον τρόπο η ένωση των εκκλησιών έλαβε χώρα στο μέσο μιας σκοτεινής νύχτας, σε μια υψηλή και έρημη τοποθεσία. Αλλά το σκότος της νύχτας, ξαφνικά, φωτίστηκε μ' ένα λαμπρό φως και ένα μεγάλο σημείο φάνηκε στον ουρανό: Ήταν μια γυνή περιβεβλημένη τον ήλιον και το φεγγάρι ήταν κάτω απ' τα πόδια της, και ένα στεφάνι από δώδεκα αστέρια πάνω στο κεφάλι της[114]. Το σημείο παρέμεινε ακίνητο για λίγη ώρα, και, στη συνέχεια, άρχισε να κινείται αργά προς μία νότια κατεύθυνση. Ο Πάπας Πέτρος ύψωσε τη

---

[113] « Εσύ είσαι ο Πέτρος ». Πρβλ. Μθ. 16,18, « Κἀγὼ δέ σοι λέγω ὅτι σὺ εἶ Πέτρος, καὶ ἐπὶ ταύτῃ τῇ πέτρᾳ οἰκοδομήσω μου τὴν Ἐκκλησίαν, καὶ πύλαι ᾅδου οὐ κατισχύσουσιν αὐτῆς ».
[114] Πρβλ. Απ. 12,1, « Καὶ σημεῖον μέγα ὤφθη ἐν τῷ οὐρανῷ, γυνὴ περιβεβλημένη τὸν ἥλιον, καὶ ἡ σελήνη ὑποκάτω τῶν ποδῶν αὐτῆς, καὶ ἐπὶ τῆς κεφαλῆς αὐτῆς στέφανος ἀστέρων δώδεκα ».

Μέρος Β΄
Μια Μικρή Ιστορία για τον Αντίχριστο

ράβδο του και αναφώνησε: « Να, αυτό είναι το σημείο μας. Ας το ακολουθήσουμε! ». Και περπάτησε πίσω του, συνοδευόμενος από τους δύο γηραιούς άνδρες και όλο το πλήθος των Χριστιανών, προς το όρος του Θεού, το Σινά...

ΤΕΛΟΣ ΤΟΥ ΧΕΙΡΟΓΡΑΦΟΥ
ΚΑΙ
ΣΥΝΕΧΕΙΑ ΤΟΥ ΔΙΑΛΟΓΟΥ

[εδώ ο αναγνώστης σταμάτησε.
Κυρία: Λοιπόν, γιατί δεν συνεχίζεις;
Κύριος Ζ: Το χειρόγραφο σταματά εδώ. Ο Πατήρ Πανσόφιος δεν μπόρεσε να τελειώσει την ιστορία. Μου είπε, όταν ήδη ήταν άρρωστος, πως σκεφτόταν να την ολοκληρώσει, « μόλις γίνω καλύτερα », όπως είπε. Αλλά δεν ανέρρωσε, και το τέλος της ιστορίας είναι θαμμένο μαζί του στο νεκροταφείο του μοναστηριού του Δανιήλ.
Κυρία: Αλλά θυμάσαι τί σου είπε, δεν θυμάσαι; Σε παρακαλώ πες μας.
Κύριος Ζ: Θυμάμαι μόνο σε γενικές γραμμές.]

ΣΥΝΕΧΕΙΑ ΤΗΣ ΙΣΤΟΡΙΑ ΑΠΟ ΤΟΝ κ. Ζ

Αφού οι πνευματικοί ηγέτες και εκπρόσωποι του Χριστιανισμού αναχώρησαν για την αραβική έρημο, όπου πλήθη πιστών ζηλωτών της αλήθειας ξεχύνονταν ομαδικά από όλες τις χώρες, ο νέος Πάπας ήταν σε θέση να διαφθείρει ανεμπόδιστα με τα θαύματα και τα σημεία του όλους τους απομένοντες επιφανειακούς Χριστιανούς, που δεν είχαν ακόμη απογοητευτεί απ' τον Αντίχριστο. Διακήρυξε πως με την δύναμη των κλειδιών που κατείχε[115], μπορούσε να ανοίξει τις πύλες σε άλλους κόσμους. Η επικοινωνία των ζωντανών με

---

[115] Πρβλ. *Μθ.* 16,19, όπου ο Χριστός λέγει στον Απόστολο Πέτρο πως θα του δώσει τα κλειδιά της Βασιλείας των ουρανών. Οι Πάπες της Ρώμης θεώρησαν τους εαυτούς τους ως διαδόχους του χαρίσματος του Πέτρου.

Μια Μικρή Ιστορία για τον Αντίχριστο – V. SOLOVIEV
Εισαγωγή-μετάφραση-σχόλια Βασιλείου Ταμιωλάκη

τους νεκρούς, ή μάλλον των ανθρώπων με τους δαίμονες, έγινε καθημερινό φαινόμενο, και νέες ανήκουστες μορφές μυστικιστικής λαγνείας και δαιμονολατρίας άρχισαν να διαδίδονται μεταξύ των ανθρώπων. Ωστόσο, ο Αυτοκράτορας μόλις και μετά βίας είχε αρχίσει να αισθάνεται πως εδραιώνεται σταθερά σε θρησκευτικό έδαφος. Και, μόλις που είχε διακηρύξει τον εαυτό του ως τη μόνη αληθινή ενσάρκωση της απόλυτης Θεότητας του Σύμπαντος, υποτασσόμενος στις επίμονες υποδείξεις της σαγηνευτικής φωνής του «Πατέρα», όταν ήρθε αντιμέτωπος μ' ένα νέο πρόβλημα, που προέκυψε γι' αυτόν από μια πλευρά, από την οποία κανείς δεν το περίμενε. Οι Ιουδαίοι ξεσηκώθηκαν εναντίον του.

Αυτό το έθνος, που εκείνη την εποχή έφτανε τα τριάντα εκατομμύρια, δεν ήταν τελείως άσχετο με την προετοιμασία της οδού για τις παγκόσμιες επιτυχίες του Υπερανθρώπου. Όταν ο τελευταίος μετέφερε την κατοικία του στην Ιερουσαλήμ, εξαπλώνοντας κρυφά ανάμεσα στους Ιουδαίους τη φήμη πως ο κύριος στόχος του ήταν να φέρει μια κυριαρχία του Ισραήλ σε όλο τον κόσμο, οι Ιουδαίοι τον ανακήρυξαν ως τον Μεσσία τους, και η αγαλλίαση και αφοσίωσή τους προς αυτόν δεν γνώριζαν κανένα όριο. Και τώρα, ξαφνικά, ξεσηκώθηκαν γεμάτοι οργή και διψώντας για εκδίκηση. Αυτή η τροπή των γεγονότων, που, αναμφισβήτητα, είχε προφητευθεί τόσο στο Ευαγγέλιο, όσο και στην εκκλησιαστική παράδοση, παραστάθηκε απ' τον Πατέρα Πανσόφιο, ίσως, με υπερβολική απλότητα και ρεαλισμό.

Βλέπετε, οι Ιουδαίοι, που θεωρούσαν τον Αυτοκράτορα έναν εξ αίματος αληθινό και τέλειο Ισραηλίτη, αναπάντεχα ανακάλυψαν πως αυτός δεν ήταν ούτε καν περιτετμημένος. Την ίδια ημέρα όλη η Ιερουσαλήμ, και την επόμενη ημέρα όλη η Παλαιστίνη, ήταν στα όπλα εναντίον του. Η απεριόριστη και ένθερμη αφοσίωση στον σωτήρα του Ισραήλ, τον προφητευμένο Μεσσία, έδωσε τη θέση της σε ένα το ίδιο απεριόριστο και το ίδιο ένθερμο μίσος για τον πονηρό απατεώνα, τον αναιδή υποκριτή. Όλο το ιουδαϊκό έθνος ξεσηκώθηκε σαν ένας άνδρας, και οι εχθροί του διαπίστωσαν με έκπληξη πως η ψυχή του Ισραήλ κατά βάθος ζούσε όχι από υπολογισμούς και προσδοκίες του Μαμμωνά, αλλά από τη

Μέρος Β´
Μια Μικρή Ιστορία για τον Αντίχριστο

δύναμη ενός συναισθήματος που αφομοίωνε κάθε τι άλλο· από την ελπίδα και τη δύναμη της αιώνιας πίστης του στο Μεσσία[116].

Ο Αυτοκράτορας, αιφνιδιασμένος από το αναπάντεχο ξέσπασμα, έχασε κάθε αυτοέλεγχο, και εξέδωσε ένα διάταγμα που καταδίκαζε σε θάνατο όλους τους απείθαρχους Ιουδαίους και Χριστιανούς. Πολλές χιλιάδες και δεκάδες χιλιάδων, που δεν μπόρεσαν να οπλιστούν έγκαιρα, σφαγιάστηκαν χωρίς έλεος. Αλλά ένας στρατός από Ιουδαίους, που ανερχόταν στο ένα εκατομμύριο, σύντομα κατέλαβε την Ιερουσαλήμ και απέκλεισε τον Αντίχριστο στο Haram-esh-Sheriff. Μοναδικό στήριγμα του Αντιχρίστου αποτελούσε ένα τμήμα της φρουράς, που δεν ήταν όμως αρκετά ισχυρό για να αντιμετωπίσει τα πλήθη του εχθρού. Με τη βοήθεια της μαγικής τέχνης του Πάπα του, ο Αυτοκράτορας *πέτυχε να διαφύγει μέσα απ' τον στρατό που τον πολιορκούσε*, και, σύντομα, εμφανίστηκε ξανά στη Συρία επικεφαλής ενός αναρίθμητου στρατού παγανιστών. Οι Ιουδαίοι προχώρησαν για να τον αντιμετωπίσουν, με μικρές πιθανότητες επιτυχίας.

Αλλά όχι πολύ μετά που τα προκεχωρημένα τμήματα των δύο στρατών συνεπλάκησαν σε μάχη, ξέσπασε ένας τρομερός σεισμός· ο κρατήρας ενός φοβερού ηφαιστείου σηκώθηκε από τον πάτο της Νεκράς Θάλασσας, στις όχθες της οποίας ο στρατός του Αυτοκράτορα είχε στρατοπεδεύσει· και πύρινοι ποταμοί, που εξέβαλλαν σε μια και μόνη λίμνη πυρός, κατάπιαν τον Αυτοκράτορα, όλα τα αναρίθμητα στρατεύματά του, και τον πιστό σύντροφό του, τον Πάπα Απολλώνιο, του οποίου η μαγική τέχνη αποδείχτηκε ανώφελη. Την ίδια ώρα οι Ιουδαίοι έτρεχαν στην Ιερουσαλήμ με φόβο και τρόμο, προσευχόμενοι στον Θεό του Ισραήλ να τους λυτρώσει από τον κίνδυνο.

---

[116] Ο Soloviev είχε, γενικότερα, μια φιλική στάση προς τους Εβραίους και τους είχε υπερασπιστεί με κείμενά του σε αρκετές περιπτώσεις εναντίον τους βιαιοπραγιών. Είναι χαρακτηριστικό πως ένα από τα πράγματα που δεν αμέλησε να κάνει λίγο πριν πεθάνει, στην επιθανάτια κλίνη του, ήταν να προσευχηθεί για την σωτηρία του Ισραήλ.

Μια Μικρή Ιστορία για τον Αντίχριστο – V. SOLOVIEV
Εισαγωγή-μετάφραση-σχόλια Βασιλείου Ταμιωλάκη

Όταν η Αγία Πόλη φαινόταν κιόλας στον ορίζοντα, μια τρομερή αστραπή έσκισε τον ουρανό απ' την Ανατολή ως τη Δύση, και όλοι είδαν τον Χριστό να κατεβαίνει προς αυτούς ενδεδυμένος βασιλική ενδυμασία, και με τις πληγές από τα καρφιά στα απλωμένα Του χέρια. Την ίδια ώρα ένα πλήθος Χριστιανών, οδηγημένο από τους Πέτρο, Ιωάννη και Παύλο, κινούνταν από το Σινά προς τη Σιών, και άλλα πλήθη, όλα συνεπαρμένα από ενθουσιασμό, έρχονταν κατά ομάδες απ' όλες τις κατευθύνσεις. Αυτοί ήταν όλοι οι Ιουδαίοι και οι Χριστιανοί που είχαν εκτελεστεί απ' τον Αντίχριστο. Αναστήθηκαν και βασίλευσαν με τον Χριστό για χίλια έτη[117].

Σ' αυτό το σημείο ο Γέροντας Πανσόφιος σκεφτόταν να τερματίσει την ιστορία του, η οποία είχε ως σκοπό να αφηγηθεί όχι την τελική καταστροφή του σύμπαντος, αλλά μόνο τη λήξη της ιστορικής μας πορείας.

---

[117] Σχετικά με την θεωρία της χιλιετίας βλ. τα σχόλιά μου στην εισαγωγή.

Μέρος Β΄
Μια Μικρή Ιστορία για τον Αντίχριστο

3) Η ολοκλήρωση του τρίτου διαλόγου, μετά την ανάγνωση της Μικρής Ιστορίας για τον Αντίχριστο

Πολιτικός: Και πιστεύεις πως η καταστροφή είναι πολύ κοντά;

Κύριος Ζ: Λοιπόν, θα υπάρξει μεγάλη αναταραχή και έντονη δραστηριότητα στη σκηνή, αλλά το δράμα έχει όλο γραφεί εδώ και πολύ καιρό, και ούτε στο κοινό ούτε στους ηθοποιούς επιτρέπεται να αλλάξουν κάτι σε αυτό.

Κυρία: Ποιό είναι, τέλος πάντων, το τελικό νόημα αυτού του δράματος; Δεν μπορώ, εξ άλλου, να καταλάβω γιατί ο Αντίχριστος μισεί τον Θεό τόσο πολύ, ενώ, κατ' ουσίαν, είναι πραγματικά καλός και καθόλου μοχθηρός.

Κύριος Ζ: Όχι, όχι " κατ' ουσίαν ". Αυτό ακριβώς είναι το νόημα. Αυτό είναι όλο το ζήτημα. Θα ανακαλέσω τα λόγια που είπα προηγουμένως, πως " δεν μπορείς να εξηγήσεις τον Αντίχριστο μόνο με παροιμίες ". Στην πραγματικότητα, ο Αντίχριστος μπορεί πλήρως να εξηγηθεί από μία μόνο και εξαιρετικά απλή παροιμία: " Ό,τι λάμπει, δεν είναι χρυσός ". Από ψεύτικη λάμψη έχει, πραγματικά, περισσότερη από αρκετή. Αλλά από την πραγματική δύναμη – του χρυσού – καθόλου.

Στρατηγός: Τολμώ να επιστήσω την προσοχή σας σε ένα ακόμη ζήτημα. Προσέξτε σε ποιό σημείο πέφτει η αυλαία αυτού του ιστορικού δράματος. Πόλεμος, μια σύγκρουση ανάμεσα σε δύο στρατούς. Έτσι, το τέλος της συζήτησής μας επανέρχεται στο σημείο απ' το οποίο αυτή ξεκίνησε. Πώς σας φαίνεται Πρίγκιπα; Αγαθέ Θεέ, μα πού είναι ο Πρίγκιπας;

Κύριος Ζ: Δεν το παρατήρησες; Μας άφησε ήσυχα εκείνη την συγκινητική σκηνή, όπου ο Πρεσβύτερος Ιωάννης στρίμωξε

Μια Μικρή Ιστορία για τον Αντίχριστο – V. SOLOVIEV
Εισαγωγή-μετάφραση-σχόλια Βασιλείου Ταμιωλάκη

τον Αντίχριστο στη γωνία. Δεν ήθελα να διακόψω την ανάγνωση εκείνη την ώρα, και ύστερα το ξέχασα.

Στρατηγός: Στοιχηματίζω πως δραπέτευσε. Δραπέτευσε για δεύτερη φορά. Και δεν προσπάθησε να συγκρατήσει τον εαυτό του; Αλλά αυτό ήταν πολύ για τον κακόμοιρο φίλο μας. Δεν μπορούσε να το αντέξει με τίποτε. Ω, Θεέ μου, Θεέ μου.

ΤΕΛΟΣ ΚΑΙ ΤΩ ΘΕΩ ΔΟΞΑ!!!

ΒΙΒΛΙΟΓΡΑΦΙΑ

ΠΗΓΕΣ

Ιωάννου Χρυσοστόμου, *Εἰς τὸν Ἅγιον Ἀπόστολον Παῦλον*, Ομιλία Δ´, P.G. 50, 489-523.

Vladimir Soloviev, *War, progress, and the end of history, including a short story of the Antichrist, three discussions*, translated from the russian by Alexander Bakshy, with a biographical note by Dr. Hagberg Wright, University of London Press, London 1915.

Vladimir Soloviev, *War and Christianity from the Russian Point of View: Three Conversations*, With an Introduction by Stephen Graham, Constable' s Russian Library, 1915.

Solovyev, *War, the Christian and Antichrist*, New edition by William G. von Peters, 2013.

Soloviev V. S., Pisma vol. I, Saint Petersburg 1908.

Vladimir Soloviev, *War, the Christian and Antichrist*, Introduction by Czeslaw Milosz Afterward by Stephan A. Hoeller, translated from the russian by Alexander Bakshsi, revised by Thomas R. Beyer Jr, Lindisfarne Press 1990.

The Play of Antichrist, translated by J. Wright, Mediaeval Sources in Translation 7, Brepols Publishers, 1967.

Antichrist and Judgment Day, The Middle French Jour Du Jugement, translated with introduction and commentary by Richard K. Emmerson and David F. Hult, with a note on the music by Keith Glaeske, Early European Drama Translation Series, Pegasus Press 1998.

Μια Μικρή Ιστορία για τον Αντίχριστο – V. SOLOVIEV
Εισαγωγή-μετάφραση-σχόλια Βασιλείου Ταμιωλάκη

Ιωάννου Μαξίμοβιτς, « Ομιλία για τη φοβερή Κρίση », στο *Άγιος Ιωάννης Μαξίμοβιτς, Ο άνθρωπος του Θεού*, Α΄ Έκδοση, Εκδόσεις Μυριόβιβλος, Αθήνα 2008, σελ. 300-309.

Βιβλιογραφία

ΒΟΗΘΗΜΑΤΑ

ΒΟΗΘΗΜΑΤΑ ΕΛΛΗΝΩΝ ΣΥΓΓΡΑΦΕΩΝ

Δαμασκηνού Ιερομονάχου, π. *Σεραφείμ Ρόουζ, Η ζωή και τα έργα του,* τόμος Α΄, Μετάφραση Επιμέλεια Χαρά Λιαναντωνάκη, Εκδόσεις Μυριόβιβλος, Ε΄ Έκδοση, Αθήνα 2006.
- π. *Σεραφείμ Ρόουζ, Η ζωή και τα έργα του,* Τόμος Γ΄, Μετάφραση μοναχός Παΐσιος Νεοσκητιώτης, Εκδόσεις Μυριόβιβλος, Αθήνα 2009.

Σκαρλακίδη Χάρη, *Άγιον Φως, Το θαύμα του Μεγάλου Σαββάτου στον τάφο του Χριστού, 45 ιστορικές μαρτυρίες,* Αθήνα 2011.

Σταματοπούλου Δημητρίου, « Οριενταλισμός και Αυτοκρατορία», στο συλλογικό έργο *Οριενταλισμός στα όρια: από τα οθωμανικά Βαλκάνια στη σύγχρονη Μέση Ανατολή,* Εκδόσεις Κριτική, Αθήνα 2008, σελ. 241-267.

Ταμιωλάκη Βασιλείου, *Η Διδασκαλία των Πατέρων της Εκκλησίας για τον Αντίχριστο, Συμβολή στην Ορθόδοξη Εσχατολογία,* Θεσσαλονίκη 2012.
- « Μελέτη περί της ιστορίας και των θαυμάτων των ιερών λειψάνων του Αγίου Ιωάννου του Προδρόμου, με αναφορά στην πρόσφατη ανακάλυψη λειψάνων του στο νησί " Άγιος Ιωάννης " στη Βυζαντινή Σωζόπολη – σημερινή Βουλγαρία – και την επιστημονική τους εξέταση», *Ανάλεκτα (Πεμπτουσία),* τ. 25 (Σεπτέμβριος 2014), σελ. 4-40.
- « Οι δογματικές προϋποθέσεις και συνέπειες της ύστερης χρονολόγησης των Ευαγγελίων, Η μετάθεση παραδείγματος υπέρ μίας πρώιμης χρονολόγησής τους και η συνδρομή της

παπυρολογίας σ' αυτή τη μετάθεση», *Γρηγόριος ο Παλαμάς*, τ. 846 (Σεπτέμβριος 2012 – Δεκέμβριος 2014), σελ. 31-66, και τ. 847, σελ. 35-67.

Τσελεγγίδη Δημητρίου, *Εικονολογικές Μελέτες*, Έκδοση Ι.Μ. Κοιμήσεως της Θεοτόκου, Μάκρη Αλεξανδρουπόλεως, Θεσσαλονίκη 2003.

Χιρς Πέτρου, *Η Εκκλησιολογική Αναθεώρηση της Β΄ Βατικάνειας Συνόδου, Μια ορθόδοξη διερεύνηση του Βαπτίσματος και της Εκκλησίας κατά το Διάταγμα του Οικουμενισμού*, Θεσσαλονίκη 2014.

Βιβλιογραφία

ΒΟΗΘΗΜΑΤΑ ΞΕΝΩΝ ΣΥΓΓΡΑΦΕΩΝ

Amorth Gabrielle (Father), interviewed by Marco Tossati, *Memoirs of an exorcist, My Life Fighting Satan*, translated by Andrew Hiltzik, Piemme, New York 2014.

Baker Matthew, « Theology Reasons-in history: Neo-patristic Synthesis and the Renewal of Theological Rationality », *Θεολογία*, 4, 2010, σελ. 81-118.

Bibikhin, V. V., « Dve legendy, odno videnie: inkvizitor I antikhrist » (Two Legends, One Vision: The Inquisitor and the Antichrist), *Iskusstvo kino*, 1994, 4, σελ. 6-11.

Biffi Giacomo Cardinal, « Soloviev and our Time », στο *Inside the Vatican*, June/July 2000, σελ. 24-25, αποσπάστηκε από τον δικτυακό τόπο http://www.christiendom-awake.org/pages/soloviev/biffi.html, στις 02/07/2014.
 - *Pinocchio, Peppone, l' Anticristo e altre divagazioni*, Cantagali, Siena 2005.

Dell Jessica, David Klausner, and Helen Ostovich (Ed.), *The Chester Cycle in Context, 1555-1575, Religion, Drama, and the impact of Change*, Studies in Performance and Early Modern Drama, Ashgate, Surrey 2012.

Dinesh D' Souza, *What's so great about Christianity*, Regnery Publishing, Washington DC 2007.

Doran Sabin, *The Culture of Yellow or the Visual Politics of Late Modernity*, Bloomsbury, New York 2013.

Dostoevsky Anna Gregorievna, *Ο Ντοστογιέβσκη και γω*, Μετάφραση Σ. Βουρδούμπα, Εκδόσεις Γκοβόστη, Αθήνα 2004.

Florovsky, " Reason and Faith in the Philosophy of Vladimir Soloviev ", *Continuity and Change in Russian and Soviet*

Thought, E. J. Simmons, ed. (Cambridge, Ma: Harvard University Press).

S. L. Frank (ed.), *A Solovyov Anthology*, translated from the russian by Natalie Duddington, SCM PRESS LTD, London 1950.

Grellaert Nel, « A Short Story about the Ubermensch: Vladimir Solovev' s Interpretation of and Response to Nietzsche' s Ubermensch », Studies in East European Thought, 55, 2003, 2, σελ. 157-184.

Gillquist Peter, *Καλώς ήρθατε στο σπίτι σας, Ανακαλύπτοντας την αρχαία χριστιανική πίστη*, Μετάφραση: Ιωσήφ Ροηλίδης, Εκδόσεις Ακρίτας, Σειρά: Ορθόδοξη Μαρτυρία, αριθμ. 104, Αθήνα 2008.

Griffith Karlyn Marie, *Illustrating " Antichrist and the Day of Judgment " in the 4eighty-nine miniatures of Besancon, Bibliotheque Municipale MS 579*, A Thesis submitted to the Department of Art History in parial fulfilllment of the requirements for the Degree of Master of Arts, Florida 2008.

Helleman Adrian, « Solov'ev' s viws on Protestantism », στο *Eastern Christian Studies, 2, Vladimir Solov'ev: Reconciler and Polemicist*, edited by Wil Van Der Bercken, Manon De Courten, and Evert Van Der Zweerde, Leuven 2000, σελ. 95-105.

Hegel Georg Wilhelm Friedrich, *Ο Λόγος στην Ιστορία, Εισαγωγή στη φιλοσοφία της ιστορίας*, Μετάφραση – Προλεγόμενα – Ερμηνευτικά Σχόλια, Παναγιώτης Θανασάς, Εκδόσεις Μεταίχμιο, Αθηνα 2005.

Kostalevsky Marina, *Dostoevsky and Soloviev, The Art of Integral Vision*, Russian Literature and Thought Series, Yale University Press, Yale 1997.

Βιβλιογραφία

Kotrelev στο έργο του eskhatologiia u Vladimira Soloveva, (« k istorii Trekh rasgovorov »), in *Eskhatologicheskii sbornik*, St. Petersburg 2006.

Kyle A. Thomas, *The " Ludus De Antichristo ": Playing power in the Medieval Public Sphere*, Thesis Submitted in Partial fulfillment of the requirements for the degree of Master of Arts in Theatre in the Graduate College of the University of Illinois at Urbana-Champaign, Illinois 2012.

Lewis C. S., *Mere Christianity*, HarperCollins e-books.

Lumiansky R. M., David Mills, *The Chester Mystery Cycle: Essays and Documents*, University of North Carolina Press, Chapel Hill 1983.

Marchadier Bernard, *Soloviev's Ecumenism and Eschatology*, Paris 1994.

Martin Malachi, *The Keys of This Blood, Pope John Paul II versus Russia and the West for Control of the New World Order*, TouchStone, New York 1990.

Munzer Egbert, « Solovyev and the Meaning of History », *The Reviw of Politics*, Vol. 11, No 3 (Jul. 1949), pp 281-293.

Papini Jiovanni, *Ο Διάβολος*, Μετάφραση Οθ. Αργυροπούλου, Εκδόσεις Μαγκανιά, α.τ.χ..

Smith Oliver, *Vladimir Solovev and the Spiritualization of Matter*, Dissertation submitted in partial fulfilment of the requirements for the degree of Doctor of Philosophy at University College London (UCL), London 2008.

Rose Eugene (Seraphim), *A letter to Thomas Merton*, αποσπάστηκε απ' τον δικτυακό τόπο http://orthodoxinfo.com/ecumenism/merton.aspx, στις 13/02/2016.

Μια Μικρή Ιστορία για τον Αντίχριστο – V. SOLOVIEV
Εισαγωγή-μετάφραση-σχόλια Βασιλείου Ταμιωλάκη

Saharov Σωφρονίου Αρχιμανδρίτου, *Αγώνας Θεογνωσίας, Η αλληλογραφία του Γέροντος Σωφρονίου με τον Δ. Μπαλφούρ*, Μετάφραση από τα ρωσικά Αρχιμανδρίτη Ζαχαρία, Ιερά Πατριαρχική και Σταυροπηγιακή Μονή Τιμίου Προδρόμου, Έσσεξ Αγγλίας 2004.

Schrooyen Pauline Wilhelmine, *Vladimir Soloviev in the Rising Public Sphere, A Reconstruction and Analysis of the Concept of Christian Politics in the Publitsistika of Vladimir Solovev*, PrintPartners Ipskamp, Nederland 2006.

Twarog Sophia, « Heights and Living Standards in Germany, 1850-1939: The Case of Wurttemberg », στο έργο των Richard H. Steckel and Roderick Floud (Eds), *Health and Welfare during industrialization*, University of Chigago Press 1997, σελ. 285-330.

Valliere Paul, *Modern Russian Theology, Bukharev, Soloviev, Bulgakov*, T & T Clark Ltd, Scotland 2000.

Will van den Bercken, « Dostoevsky's Grand Inquisitor and Vladimir Solovyov' s Antichrist », *Christian Fiction and Religious Realism in the Novels of Dostoevsky*, Anthem Press 2011, σελ. 97-106.

Ware Kallistos of Diokleia, « C. S. Lewis: An Anonymous Orthodox? », *Sobornost (incorporating Eastern Churches Review)*, New Series 17. 2 (1995), σελ. 9-27.
    - « God of the Fathers: C. S. Lewis and Eastern Christianity », in David Mills (ed.), *The Pilgrim's Guide: C. S. Lewis and the Art of Witness*, Grand Rapids, MI:Eedermans 1998, σελ. 53-69.

Will van den Bercken, « Dostoevsky's Grand Inquisitor and Vladimir Solovyov' s Antichrist », *Christian Fiction and Religious Realism in the Novels of Dostoevsky*, Anthem Press 2011.

Βιβλιογραφία

Woolf Rosemary, *The English Mystery Plays*, California 1980.

David Yallop, In God's name, *An Investigation into the Murder of Pope John Paul I*, Poetic Productions, London 1984.

www.ingramcontent.com/pod-product-compliance
Lightning Source LLC
Chambersburg PA
CBHW032136040426
42449CB00005B/263